노(老)카토 노년론

정암고전총서 키케로 전집

노(老)카토 노년론

키케로

김남우 옮김

아카넷

'정암고전총서'를 펴내며

그리스 · 로마 고전은 서양 지성사의 뿌리이며 지혜의 보고이다. 그러나 이를 한국어로 직접 읽고 검토할 수 있는 원전 번역은 여전히 드물다. 이런 탓에 우리는 서양 사람들의 해석을 수동적으로 수용하는 처지를 완전히 극복하지 못하고 있다. 사상의 수입은 있지만 우리 자신의 사유는 결여된 불균형의 문제를 안고 있는 것이다. 이런 상황은 우리의 삶과 현실을 서양의 문화유산과 연관 지어 사색하고자 할 때 특히 심각한 문제를 야기한다. 우리 자신이 부닥친 문제를 자기 사유 없이 남의 사유를 통해 이해하거나 해결하는 것은 거의 불가능하기 때문이다. 우리의 문제에 대한 인문학적 대안들이 때로는 현실을 적확하게 꼬집지 못하는 공허한 메아리로 들리는 것도 그런 이유 때문일 것이다.

한 공동체에서 살아가는 사람들이 자신들의 생각과 말을 나누며 함께 고민하는 문제와 만날 때 인문학은 진정한 울림이 있는

메아리가 될 수 있다. 이것은 우리가 우리의 현실을 함께 고민하는 문제의식을 공유함으로써 가능하겠지만, 그조차도 함께 사유할 수 있는 텍스트가 없다면 요원한 일일 것이다. 사유를 공유할 텍스트가 없을 때는 앎과 말과 함이 분열될 위험에 노출될 수 있기 때문이다. 이런 점에서 진정한 인문학적 탐색은 삶의 현실이라는 텍스트, 그리고 생각을 나눌 수 있는 문헌 텍스트와 만나는 이중의 노력에 의해 가능할 것이다.

현재 한국의 인문학적 상황은 기묘한 이중성을 보이고 있다. 대학 강단의 인문학은 시들어 가고 있는 반면 대중 사회의 인문학은 뜨거운 열풍이 불어 마치 중흥기를 맞이한 듯하다. 그러나 현재의 대중 인문학은 비판적으로 사유하는 인문학이 되지 못하고 자신의 삶을 합리화하는 도구로 전락하는 경향이 없지 않다. 사유 없는 인문학은 대중의 욕망을 충족시키기 위해 소비되는 상품에 지나지 않는다. '정암고전총서' 기획은 이와 같은 한계상황을 극복할 수 있는 기본적인 토대를 마련하고자 하는 절실한 문제의식에서 시작되었다.

정암학당은 철학과 문학을 아우르는 서양 고전 문헌의 연구와 번역을 목표로 2000년 임의 학술 단체로 출범하였다. 그리고 그 첫 열매로 서양 고전 철학의 시원이라 할 『소크라테스 이전 철학자들의 단편 선집』을 2005년도에 펴냈다. 2008년에는 비영리 공익법인의 자격을 갖는 공적인 학술 단체의 면모를 갖추고 플라톤 원전 번역을 완결할 목표 아래 지금까지 20여 종에 이르는 플라톤 번역서를 내놓고 있다. 이제 '플라톤 전집' 완간을 눈앞에 두고 있는 시점에 정암학당은 지금까지의 시행착오를 밑거름 삼아 그리스·로마의 문사철 고전 문헌을 한국어로 옮기는 고전 번역 운동을 본격적으로 펼치려 한다.

정암학당의 번역 작업은 철저한 연구에 기반한 번역이 되도록 하기 위해 처음부터 공동 독회와 토론을 통해 이루어진다. 번역 초고를 여러 번에 걸쳐 교열·비평하는 공동 독회 세미나를 수행하여 이를 기초로 옮긴이가 최종 수정하는 방식으로 진행된다. 이같이 공동 독회를 통해 번역서를 출간하는 방식은 서양에서도 유래를 찾기 어려운 번역 시스템이다. 공동 독회를 통한 번역은 매우 더디고 고통스러운 작업이지만, 우리는 이 같은 체계적인 비평의 과정을 거칠 때 믿고 읽을 수 있는 텍스트가 탄생할 수 있다고 확신한다. 이런 번역 시스템 때문에 모든 '정암고전총서'에는 공동 윤독자를 병기하기로 한다. 그러나 윤독자들의 비판을 수용할지 여부는 결국 옮긴이가 결정한다는 점에서 번역의 최종 책임은 어디까지나 옮긴이에게 있다. 따라서 공동 윤독에 의한 비판의 과정을 거치되 옮긴이들의 창조적 연구 역량이 자유롭게 발휘될 수 있도록 노력하였다.

정암학당은 앞으로 세부 전공 연구자들이 각각의 연구팀을 이루어 연구와 번역을 병행함으로써 아리스토텔레스 철학 원전, 키케로 전집, 헬레니즘 선집 등의 번역본을 출간할 계획이다. 그리고 이렇게 출간될 번역본에 대한 대중 강연을 마련하여 시민들과 함께 호흡할 수 있는 장을 열어 나갈 것이다. 공익법인인 정암학당은 전적으로 회원들의 후원으로 유지된다는 점에서 '정암고전총서'는 연구자들의 의지뿐만 아니라 시민들의 소중한 뜻이 모여 세상 밖에 나올 수 있는 셈이다. 이런 점에서 '정암고전총서'가 일종의 고전 번역 운동으로 자리매김되길 기대한다.

'정암고전총서'를 시작하는 이 시점에 두려운 마음이 없지 않으나, 이런 노력이 서양 고전 연구의 디딤돌이 될 것이라는 희망, 그리고 새로운 독자들과 만나 새로운 사유의 향연이 펼쳐질 수 있으리라는 기대감 또한 적지 않다. 어려운 출판 여건에도 '정암고전총서' 출간의 큰 결단을 내린 아카넷 김정호 대표에게 경의와 감사의 뜻을 전한다. 끝으로 정암학당의 기틀을 마련했을 뿐만 아니라 앎과 실천이 일치된 삶의 본을 보여 주신 이정호 선생님께 존경의 마음을 표한다. 그 큰 뜻이 이어질 수 있도록 앞으로도 치열한 연구와 좋은 번역을 내놓는 노력을 다할 것이다.

2018년 11월
정암학당 연구자 일동

'정암고전총서 키케로 전집'을 펴내며

"철학 없이는 우리가 찾는 연설가를 키워낼 수 없다(Sine philosophia non posse effici quem quaerimus eloquentem)."(『연설가』 4.14)

키케로가 생각한 이상적 연설가는 철학적 사유가 뒷받침된 연설가이다. 정암학당 키케로 연구 번역팀의 문제의식 역시 여기서 출발한다. 당파를 지키고 정적을 공격하는 수많은 연설문, 연설문 작성의 방법론을 논하는 수사학적 저술, 개인적 시각에서 당대 로마 사회를 증언하는 사적인 편지 등 로마 공화정 말기를 기록한 가장 풍부한 문헌 자료들을 남긴 키케로를 전체적으로 이해하는 토대는 그의 철학 저술이다.

키케로의 철학 저술은 그의 모든 저술을 이해하는 벼리가 될 뿐만 아니라, 로마 문명이 희랍 철학을 주체적으로 수용하게 되는 계기를 제공했다는 점에서 중요한 철학사적 의의를 지닌다.

기원전 1세기 전후로 본격화된 희랍 철학자들과의 교류를 통해 회의주의 아카데미아 학파, 소요 학파, 스토아 학파, 에피쿠로스 학파, 견유 학파 등의 학설이 로마에 소개되고 정착되었으며, 그 과정에서 키케로는 당시 로마 사회의 지적인 요구와 실천적 관심을 반영한 철학책들을 라티움어로 저술했다. 그의 철학 저술은 희랍 철학이 로마라는 새로운 용광로에서 뒤섞이고 번역되어 재창조되는 과정을 생생하게 보여준다.

키케로의 철학 저술에 담긴 내용은 비단 철학에 국한되지 않는다. 정치가로서 탁월한 그의 역할에 비례하여 로마법에 대한 해박한 지식이, 로마 전통에 대한 자긍심과 희랍 문물을 로마에 소개하려는 열정에 의해 희랍과 로마 문학 작품의 주옥같은 구절들이 그의 저술 곳곳에 박혀 있다. 이에 정암학당 키케로 연구 번역팀은 고대 철학, 법학, 문학, 역사 전공자들이 한자리에 모여 함께 그의 작품을 연구하기 시작하였고, 이는 이미 10년을 훌쩍 넘겼다. 서로 다른 전공 분야의 이해와 어휘를 조율하는 어려움 속에서도 키케로 강독은 해를 거듭하면서 점차 규모와 체계를 갖추게 되었다. 번역어 색인과 인명 색인이 쌓였고, 미술사를 포함한 인접 학문과의 연계와 접점도 확대되었으며, 이제 키케로의 철학 저술을 출발점으로 삼아, 정암고전총서 키케로 전집을 선보인다.

키케로 전집 출간이라는 이 과감한 도전은 2019년 한국연구재

단의 연구소 지원사업을 통해 획기적으로 진척되었으며, 2020년 이탈리아 토리노 대학 인문학부와의 협약으로 키케로 저술과 관련된 문헌 자료 지원을 받게 되었다. 이 두 기관은 정암고전총서 키케로 번역 전집을 출간하는 데 큰 도움을 주었다. 그러나 이 도전과 성과는 희랍 로마 고전 번역의 토대가 되도록 정암학당의 터를 닦은 이정호 선생님, 이 토대를 같이 다져주신 원로 선생님들, 20년에 걸친 플라톤 번역의 고된 여정을 마다하지 않은 정암학당 선배 연구원들, 그리고 서양 고대 철학에 대한 애정과 연구자들에 대한 호의로 정암학당을 아껴주신 후원자들, 흔쾌히 학술출판을 맡아준 아카넷 출판사가 없었다면 불가능했을 것이다. 학문 공동체의 면모가 더욱 단단해지는 가운데 우리는 내일 더 큰 파도를 타리라.

2021년 9월

정암고전총서 키케로 전집 번역자 일동

차례

작품 내용 구분(문단 번호)

일러두기

1. 이 책의 번역은 J. G. F. Powell(1988), *Cicero Cato Maior de senectute*, Cambridge University Press 편집본을 기준으로 삼았다.

노(老)카토 노년론

I 1 티투스여,[1] 제가 무언가 도움이 되어, 당신 가슴속에

박혀 당신을 들볶고 자글거리던 근심을 덜어낸다면,

제게 어떤 상을 내리시렵니까?[2]

아티쿠스여,[3] 나는 "가난했으나 신의는 충만했던 저 사내가"[4]

---

1   티투스 큉크티우스 플라미니누스(기원전 228~174년)는 기원전 198년에 이른 나이로 집정관에 선출되었다. 집정관으로서 마케도니아의 왕 필립포스 5세와 싸웠다. 퀴노스케팔라이 전투에서 결정적인 승리를 거두었고 제2차 마케도니아 전쟁(기원전 200~196년)을 로마의 승리로 종식시켰다.

2   엔니우스, 『연대기』 10, 335~7 이하 Vahlen.

3   티투스 폼포니우스 아티쿠스(기원전 109년경~32년 3월 31일)는 기사계급 출신으로 키케로와 매우 가까운 친구였다. 키케로가 아티쿠스에게 보낸 상당

플라미니누스에게 말했던 바로 이 구절로 자네에게 말할 수 있 겠다. "티투스여, 그대는 밤낮으로 시름하시는구려"[5]라는 말을 들 었던 플라미니누스와 자네는 다르리라는 것을 잘 알고 있지만 말 이다. 내가 아는 자네 영혼은 절도와 침착함을 갖추었다. 또 자네 가 아테나이로부터 이름뿐만 아니라 교양과 현명함을 얻어왔음 을 알고 있다. 그럼에도 나 자신이 때로 심히 걱정하고 있는 문제 들[6] 때문에 자네 또한 심히 걱정하고 있으리라 추측하지만, 이 문 제들의 위안을 마련하기란 훨씬 어려운 일일 뿐만 아니라 다른 기회로 미루어야 할 일이기도 하다. 그래서 지금 나는 노년에 관

량의 편지가 전해진다. '아티쿠스'는 번역하면 아테나이가 속한 '아티카 지 방 사람'을 가리킨다. 아티쿠스는 20년 이상 아테나이에 머물렀다. 키케로는 『노(老)카토 노년론』과 『라일리우스 우정론』을 차례로 아티쿠스에게 헌정하 였다.

4 엔니우스, 『연대기』 10, 338 Vahlen. 여기서 '저 사내'는 엔니우스의 문맥에서 마케도니아 전쟁 당시 플라미니누스를 도왔던 에페이로스 출신의 목동을 가 리킨다.

5 엔니우스, 『연대기』 10, 339 Vahlen. 엔니우스가 호명하는 티투스는 플라미니 누스의 이름이면서 동시에 아티쿠스의 이름이다.

6 거론된 '문제들'은 『노(老)카토 노년론』의 집필 시점으로부터 추론하건대, 카 이사르 암살 이후의 사태를 가리키는 것으로 보인다. 『노(老)카토 노년론』은 기원전 44년 5월 이전에 쓰인 것으로 보인다. 『예언에 관하여』 II 1, 3에 "최 근에" 『노(老)카토 노년론』을 아티쿠스에게 보냈다고 키케로가 말하고 있다. 『예언에 관하여』는 카이사르가 암살된 기원전 44년 3월 15일 이후에 완성되 었다. 키케로는 카이사르의 암살 직후 5월에는 다시 정계로 복귀하였으므로 이후로 철학책을 저술할 시간을 가지지 못했을 것이다.

해 무언가를 자네에게 써 보내야겠다고 생각한다. **2** 왜고 하니, 자네와 나에게 공통된 것인바, 이미 임박하였거나 혹은 분명 닥쳐올[7] 노년을 자네는 물론 나 자신도 힘겨워하지 않기를 바라기 때문이다. 비록 자네는 실로 이를 절제 있고 지혜롭게, 다른 모든 일에서처럼, 분명 잘 견디고 있고 견뎌낼 것임을 내가 모르진 않지만, 그래도 내가 뭔가 노년에 관해 쓰고자 했을 때, 나는 우리 둘 모두에게 유용할 이 책을 자네에게 선물하는 것이 좋겠다고 생각하였다. 적어도 나에게는 이 책의 집필이 즐거운 일이었으니, 이 책은 노년의 모든 번민을 덜어냈을 뿐만 아니라 심지어 노년을 쾌적하고 즐겁게 해주었다. 이럴진대 철학을 아무리 크게 칭송한다 해도[8] 오히려 부족하다. 철학에 복종한다면 평생을 번민 없이 보낼 수 있기 때문이다.[9]

7 이 책을 쓸 당시 키케로의 나이는 62세였고, 아티쿠스의 나이는 65세였다. 대체로 사람이 60세가 넘으면서 노년의 문턱에 서 있다고 생각하였는데, 키케로는 아직 오지 않은 것처럼 쓰고 있다. 반면, 『라일리우스 우정론』 I 4에서는 "그런데 그때 노년의 내가 노년의 당신에게 노년을 다룬 글을" 보냈다고 회상한다. 키케로의 '노년'은 카토 시대의 '노년'과 크게 다른데, 카토는 아래의 60절을 보면, 군복무 의무에서 면제되는 나이인 46세부터 노년이 시작된다고 보았다.

8 철학의 칭송은 키케로의 『투스쿨룸 대화』 V 2, 5 "삶의 인도자 철학이여! 덕의 탐색자며 결함의 추방자여! 그대가 없다면 우리는 무엇일 수 있었겠으며, 사람들의 인생은 도대체 무엇일 수 있었겠는가?"

9 고대 세계가 노년을 철학적 논의 주제로 다룬 사례는 키케로 이전에 여러 곳에서 확인할 수 있고, 아래 언급된 케오스의 아리스톤도 그 중 하나다.

3 우리는 이미 여타의 문제들을 많이 논하기도 하였고, 앞으로도 자주 논할 것이다. 이번엔 자네에게 노년을 다루는 책을 보낸다. 하지만 전체 논의를 케오스의 아리스톤[10]처럼 티토노스[11]가 아니라 — 신화 이야기로는 권위가 떨어지기 때문인데 — 노년의 마르쿠스 카토에게 나는 할당하였다. 논의에 그만큼 더 큰 권위를 부여할 수 있도록 말이다. 나는 라일리우스[12]와 스키피오[13]가 카토의 집을 방문하여[14] 카토가 노년을 참으로 수월하게 견디고

---

10 케오스의 아리스톤은 소요학파의 철학자로 기원전 225년 경에 뤼콘의 뒤를 이어 뤼케이온의 수장이 되었다. 같은 이름을 가진 키오스의 아리스톤은 스토아학파로 제논의 제자다.

11 티토노스는 에오스 여신의 남편으로 불멸의 생을 누렸으나, 영원한 청춘을 누리지 못한 신화적 인물이다. 티토노스는 노년의 삶을 대표하는 인물이다. 호라티우스, 『서정시』 II 16, 30행 "티토노스는 늙어가며 한없이 늙어갔다."

12 현자 가이우스 라일리우스는 기원전 190년경에 태어난 것으로 보인다. 라일리우스는 철학 공부에 열정을 보였고, 기원전 155년 아테나이 사절로 로마를 찾은 카르네아데스, 크리톨라오스, 디오게네스의 연설을 경청하였다. 이후 스토아철학자 파나이티오스와 어울렸다. 기원전 140년 집정관을 지냈다. 농지 개혁과 토지 분배에 반대하는 입장은 아니었으나, 귀족당파가 농지법에 반대하자, 농지법 입법안을 철회함으로써 '현자'라는 별칭을 얻었다.

13 푸블리우스 코르넬리우스 스키피오 아이밀리아누스 아프리카누스를 가리키는데, 소위 소(少)스키피오라고 불린다. 그는 기원전 185년 루키우스 아이밀리우스 파울루스의 아들로 태어났으며, 노(老)스키피오의 아들에게 입양되었다. 기원전 147년과 134년 집정관을 역임하였다. 기원전 129년 갑작스럽게 사망하였다. 그는 희랍 문화를 애호하였으며, 그의 주변에는 그런 사람들이 모여 있었다.

14 카토와 라일리우스와 스키피오가 벌인 가상의 대화는 기원전 150년이며, 이때는 카토가 84세 되던 해였고, 그는 이듬해 사망한다.

있음을 보고 경탄할 때 카토가 그들에게 답하게 만들었다. 여기서 카토가 평소 그의 저술들에서[15] 그랬던 것보다 좀 더 학식 있어 보인다면, 그것을 자네는 희랍 문학 덕분이라고 생각하시게나.[16] 그가 노년에 이르러 희랍 문학에 탐닉하였음은 분명한데, 쓸데없는 부언이 필요하겠는가? 이제 카토 자신의 입을 빌어, 노년에 대한 우리의 생각을 전부 설명하겠다.

II 4 스키피오 마르쿠스 카토 어르신! 여기 있는 가이우스 라일리우스와 함께 저는, 어르신께서 다른 일들에서 보여주신 탁월하고 완벽한 지혜[17]에 아주 자주 경탄하곤 하였는데, 더없이 크게 놀라는 것은 어르신께서는 노년을 힘겨워하지 않으신다고 느꼈기 때문입니다. 노인들은 대체로 노년을 싫어하여 아이트나 화산보다 힘겨운 짐을 진 것이라고 말씀하시는데 말입니다.[18]

---

15 마르쿠스 포르키우스 카토(기원전 234~149년)는 호구감찰관으로 유명하며 로마에 희랍 문물이 유행하는 것을 금지하였다. 카토가 남긴 글로는 『로마 연원록 Origines』과 『농업론 De agri cultura』이 있으나, 전자는 현재 전해지고 있지 않다.

16 『노년론』 전체에서 카토는 희랍 문헌들을 자주 인용한다.

17 『라일리우스 우정론』 II 6 "카토가 원로원은 물론 로마광장에서도 행한 많은 일이, 그러니까 그의 현명한 대처들이나 한결같은 처신들이나 날카로운 유권해석들이 언급되곤 합니다. 그 때문에 카토는 노년에 '현자'를 이름처럼 달고 다녔습니다."

18 에우리피데스, 『헤라클레스』, 637행 이하 "하지만 노년은 아이트네의 바위들보다 더 무겁게 내 머리를 짓누르며, 내 눈빛을 어둠으로 가린다네."

카토 스키피오와 라일리우스여! 자네들은 별로 대단히 어려운 일도 아닌 것을 두고 경탄하는 것 같네. 자신 안에 행복한 삶의 힘을 전혀 가지지 못한 사람들은 평생 힘겹지 않은 때가 없겠지. 하지만 모든 좋은 것을 자신 안에서 스스로 구하는 사람은,[19] 자연의 필연성이 가져다주는 어떤 것도 악이라고 생각하지 않는다네. 그런 것으로 특히 노년이 있겠지. 모든 사람은 장수하여 노년에 이르기를 소망하지만, 막상 노년에 이르면 노년을 원망한다네. 이렇게 큰 변덕과 부조리는 어리석음의 하나지. 어리석은 자들은 노년이 생각했던 것보다 일찍 성큼 다가왔기 때문이라고 하겠지만, 무엇보다 먼저, 이런 잘못된 생각을 강제한 이는 도대체 누구인가? 어찌 청년에게 노년이 성큼 다가올 때가, 소년에게 청년이 성큼 다가왔을 때보다 빠르겠는가? 그리고 또 그들은

---

19 스토아철학 이외의 전통적인 문맥에서도 발견되는 생각이다. 『라일리우스 우정론』 II 7 "모든 것은 자기 자신에게 달려 있다. 모든 인간적 불운은 덕을 이기지 못한다." 『투스쿨룸 대화』 V 12, 36(=플라톤, 『메넥세노스』 247e~248a) "행복한 삶을 가져다주는 모든 것이 자기 자신 안에 있고 타인들의 행불행에 좌우되지 않으며, 타인의 행위에 매달려 같이 헤매도록 강요당하지 않는 사람, 이 사람은 가장 훌륭한 삶의 이치를 마련한 것이다. 이 사람은 절제하는 사람이고, 이 사람은 용감한 사람이고, 이 사람은 지혜로운 사람이고, 이 사람은 여타의 유용한 것들이 생겨나고 사라질 때, 특히 자식들이 태어나고 죽더라도, 옛 계율에 복종하고 따를 사람이다. 그는 지나치게 슬퍼하거나 즐거워하지 않을 것인데, 자신의 모든 희망을 늘 자신 안에 두기 때문이다."

여든 살이 아니라 팔백 년을 산다 해도 노년이 힘겹지 않겠는가? 흘러가고 산 세월이 제아무리 길어도 어리석은 노년에게 어떤 위안도 소용없는 법이라네. **5** 자네들이 늘 나의 지혜를 경탄하여 언급하므로 하는 말인데 — 자네들의 견해와 내 별칭[20]에 합당한 지혜였으면 좋으련만! — 우리가 지혜롭다고 하는 것은 우리가 최선의 지도자인 자연을 마치 신처럼 따르고 복종하기 때문이네. 자연이 인생의 다른 부분들은 잘 다듬었으면서 마무리 부분을 마치 서투른 시인마냥 함부로 방치했을 리는 만무하네. 아무튼 뭔가 끝이 있음은 필연적이고, 나무의 과실과 대지의 알곡처럼 때가 차면 시들어 떨어지게 마련인 법, 현자라면 이를 순순히 견뎌내야 할 것이네. 자연을 거역한다면 신들에게 덤벼들었던 거인족[21]과 다를 것이 무엇인가?

6 라일리우스 그래서 말씀인데, 카토 어르신, 저희에게 더없는 은덕을 베풀어주십사 청하오며, 이는 스키피오를 대신하여 제가

---

20 각주 17번을 보라.

21 올림포스 신들에게 대들어 거인족이 벌인 헛된 전쟁을 가리킨다. 호라티우스, 『서정시』 II 19, 21행 이하 "당신은 아버지의 나라가 높은 줄 모르고 거인족의 불경한 무리가 쳐들어올 때, 로이투스를 사자의 발톱과 무시무시한 이빨로 물어 비틀어 버렸습니다." III 4, 49행 이하 "유피테르를 크게 놀래킬 일을 저지른, 어깨를 믿고 무모한 젊은 무리들, 나무 그늘진 올림포스 위에 펠리온을 옮겨놓으려 시도했던 형제들, 튀포에우스와 무력의 미마스 또는 위협하는 모습의 포르퓌리온, 로이투스, 나무기둥을 뽑아 던지는 무모한 엥켈라두스는 팔라스의 천둥치는 아이기스에 맞서 무엇을 했습니까?"

제안하는 바이기도 합니다. 만약 저희가 장수하여 노인이 된다면, 아니 저희는 아직 한참 남았지만 그렇게 되길 간절히 소망하는데, 저희가 어르신에게서 배움을 구하고자 하는 바는 깊어가는 노령을 아주 수월하게 견뎌낼 수 있는 어떤 방법이 있을까 하는 것입니다.

카토 라일리우스여, 그리함세. 특히나 자네 말처럼 자네들 둘에게 그것이 도움이 되겠다면 말일세.

라일리우스 폐가 되지 않는다면, 카토 어르신, 참으로 저희가 소망하는 바, 긴 여정을 마친 끝에 — 그 길을 저희도 장차 걸어야 할 터이니 — 어르신께서 도착하신 데가 어떤 곳인지 알고자 합니다.[22]

III 7 카토 라일리우스, 내가 할 수 있을 만큼 해봄세.[23] 그러니까 나는 종종 내 또래 사람들의 푸념을 접하였다네. 옛 속담에 이르길, 비슷한 것들은 비슷한 것들과 어울리길 더없이 즐거워한다 하지 않던가.[24] 거의 내 연배의 집정관 역임자인 가이우스 살리나

---

22 플라톤, 『국가론』 328e 이하 "사실 말씀입니다만, 케팔로스님, 저는 연세가 많은 분들과 얘기하기를 좋아합니다. 왜냐하면, 그분들은 우리보다 앞서서 우리가 모두 걸어야 할 길을 걸으셨고, 그래서 그 길이 어떤 것인지, 거칠고 어려운 것인지, 아니면 쉽고 순탄한 것인지를 그분들께 물어야 한다고 생각하기 때문입니다."

23 플라톤, 『국가론』 329a 이하에서 케팔로스가 소크라테스에게 답변하는 내용을 키케로는 모방하고 있다.

토르[25], 스푸리우스 알비누스[26]가 어찌나 탄식하곤 하였던지! 그들은 쾌락이 없으면 삶은 무의미하다고 생각하는데 이제 쾌락을 즐기지 못한다는 것이었고, 또한 평소 그들을 존경하던 사람들이 그들을 무시한다는 것이었네. 하지만 나는 이들이 정작 비난해야 할 것을 비난하지 않았다고 생각하네. 만약 그것이 노년의 탓으로 일어난 일이라면, 나에게도 마찬가지로 일어났어야 할 일들이며, 그뿐 아니라 나이 많은 다른 이들에게도 마찬가지였어야 하지. 나는 불평 없이 노년을 보내는 많은 사람을 알고 있는데, 그들은 자신들이 욕정의 사슬에서 풀려난 것을 고통스러워하지 않

---

24 『오뒷세이아』 제17권 271행 이하 "지금 그야말로 고약한 자가 고약한 자를 인도하고 있구나. 신은 늘 유유상종케 하시는 법이니까." 플라톤, 『국가론』 329a "엇비슷한 연배의 사람들끼리 자주 한데 모인다." 플라톤, 『파이드로스』 240c "동갑내기가 동갑내기를 즐겁게 한다는 옛말도 있긴 하지만, 내 생각에 나이의 대등함은 그 닮음으로 인해 대등한 즐거움으로 이어져 우애를 낳으니까." 아리스토텔레스, 『니코마코스 윤리학』 1161b34 "동년배들끼리는 서로 좋아하기 마련이며 성품이 비슷한 사람들은 서로 절친한 친구이기 마련이니까."

25 가이우스 리비우스 살리나토르는 기원전 188년 집정관을 역임하였고, 기원전 170년 사망하였다. 집정관을 40세에 역임했다고 가정하면 살리나토르는 기원전 228년 생으로 카토(기원전 234년 생)보다 어린 나이이며, 58세에 사망한 셈이다.

26 스푸리우스 포스투미우스 알비누스는 기원전 186년 집정관을 역임하였고, 기원전 180년에 사망한 인물로 보는 것이 타당하다. 이 경우 그를 기원전 226년 생으로 가정하였을 때 카토보다 나이가 8살 어리고, 사망 당시 46세였을 것이다.

으며, 자기 집안사람들에게 무시당하는 것도 아니네. 따라서 그런 모든 불평불만의 원인은 품성에 있지, 나이에 있지 않네. 까탈스럽지도 몰인정하지도 않은 절도 있는 노인들은 노년을 잘 견뎌내지만, 고약함과 몰인정은 평생 스스로를 고통스럽게 만들지.[27]

8 라일리우스 어르신, 옳은 말씀이십니다. 하지만 일부 사람들은 어쩌면 이렇게 말할지 모릅니다. 어르신은 능력과 재력과 권위 때문에 노년이 견딜 만한 것이라고 생각하시지만,[28] 많은 이에게 이는 일어날 수 없노라고 말입니다.

카토 라일리우스, 자네 말도 일리가 있네. 하지만 전적으로 그런 것은 아니네. 예를 들어 테미스토클레스[29]는, 전하는 바에 따

---

27 플라톤, 『국가론』 329c "아닌 게 아니라 늙으면 그런 따위의 정욕에서 벗어나서 자유롭고 큰 안정을 얻게 되기 때문이죠. 모든 욕망이 극성을 덜 부리고 가라앉을 때는 과연 소포클레스가 말한 대로 많은 미치광이 주인들로부터 해방될 수가 있는 것이니까요. 하지만 그런 모든 일이나 집안사람들에 대한 푸념 등은 단 한 가지 원인입니다. 소크라테스님, 그것은 늙은 나이가 아니라 사람들의 성격 때문입니다. 분별이 있고 마음이 평온한 사람이라면 나이 따위는 결코 견디기 어려운 짐은 아니니까요. 소크라테스님, 그러나 그렇지 못하면 늙은 나이도 젊은이도 다 같이 괴로운 것이겠죠?"

28 플라톤, 『국가론』 329e "많은 사람들은 그 말씀을 그대로 받아들이지 않으며, 노인장께서 늙은 나이를 가볍게 견뎌내실 수 있는 것은 성격 탓이 아니라, 많은 재물을 가지고 계시기 때문이라고 생각합니다." 플라톤의 문장에 비추어 보면 여기서 'videri'는 'esse videri'로 새겨야 한다.

29 헤로도토스 『역사』 제8권 125 테미스토클레스의 정적. 아테나이사람 티모데모스가 테미스토클레스의 라케다이몬 방문을 비판하였을 때 테미스토클레스는 이렇게 말했다. "옳은 말이오. 내가 벨비나 출신이었다면 스파르테인

르면, 시비를 거는 어떤 세리포스[30] 사람에게 응수하였는데, 세리포스 사람이 테미스토클레스가 광영을 누리는 것은 그 자신의 업적 때문이 아니라 조국의 위업 때문이라고 말하였을 때, 테미스토클레스는 이렇게 말하였다고 하네. "헤라클레스에게 맹세코, 그대 말이 옳다. 내가 세리포스 사람이었다면 탁월함에 이르지 못했을 것도 맞지만, 자네가 아테나이 사람이었다고 해도 자네는 결코 탁월함에 이르지 못했을 것이다." 마찬가지로 노년을 두고도 이렇게 말할 수 있다네. 지혜로운 자라도 지독한 가난 속에서는 노년이 수월할 수 없을 것이고, 어리석은 자에게는 지극히 큰 부가 있다 한들 노년이 힘겹지 않을 수 없는 법이지.[31]

9 노년에 맞서는 최적의 무기[32]는, 스키피오와 라일리우스여,

들에게 그렇게 존경받지 못했겠지요. 하지만 친구여, 그대는 아테나이 출신이지만 그들에게 그렇게 존경받지 못했을 것이오." 플루타르코스(테미스토클레스 18, 2)도 같은 이야기를 전하는 것으로 보인다. 키케로는 여기서 플라톤의 판본을 따르고 있다.

30 에게해의 퀴클라데스 제도 가운데 한 섬이다. 문맥상 보잘것없는 섬의 하나로 언급된 것으로 보인다.

31 플라톤, 『국가론』 329e~330a를 보라.

32 키케로, 『투스쿨룸 대화』 II 14, 33 "하지만 불카누스의 무장, 즉 용기를 걸쳤다면 당신은 이에 맞서시오." II 22, 51 "몸을 꼿꼿이 세워 자신을 일깨우고 준비하고 무장하여 마치 적에게 대항하듯 고통에 대항할 겁니다. 그렇다면 대항의 무기에는 어떤 것들이 있습니까? '추하지 않게 조심하라, 기죽지 말라, 사내답게 처신하라' 등 자신에게 말하는 내면의 다짐, 긴장과 결단입니다."

전적으로 덕의 도야와 실천이라네. 평생에 걸쳐 갈고닦은 덕은 오래 살아 고령에 이른 사람에게 놀라운 결실을 가져다주지.[33] 이는 무엇보다 덕이 — 사실 이게 제일 중요한 것이지만 — 생의 마지막 순간까지 결코 우리를 저버리지 않기 때문이고, 또한 삶을 잘 살아냈다는 자의식과 많은 선행의 회상[34]은 더없이 유쾌한 것이기 때문이라네. **IV 10** 나는 청년이었지만, 타렌툼을 수복하신 퀸투스 막시무스[35] 어르신을 마치 동년배 친구를 사랑하듯 사랑하였다네. 그분에게는 상냥함을 곁들인 진중함이 있었고, 노년에도 성품은 변함이 없었기 때문이었지. 물론 내가 그분을 숭상하기 시작했을 때 그분은 아주 대단한 고령은 아니었지만 이미 연세 지긋하셨네. 그분은 내가 태어난 이듬해에 처음 집정관이 되셨지. 그분이 네 번째 집정관직을 역임하실 때 나는 젊은 병사로 카푸아 전투에 참전하였고, 5년 후에는 타렌툼 전투에 참

---

33 키케로, 『투스쿨룸 대화』 III 25, 61 "훌륭하고 빛나는 삶을 살아왔던 세월은 커다란 위로를 가져다주는데, 상심은 이렇게 살아온 사람들을 건드리지 못하며, 혹은 그들을 찌르는 영혼의 고통은 매우 미미합니다."

34 디오게네스 라에르티오스, 『유명한 철학자들의 생애와 사상』 10권 22 "……도를 넘는 고통이 줄어들지 않는다. 그러나 나는 우리가 함께했던 토론들을 기억하며 여기서 얻는 내 영혼의 기쁨이 이 모든 고통과 맞서고 있다."

35 퀸투스 파비우스 막시무스 베루코수스는 '굼벵이 *Cunctator*'로 알려진 인물로 기원전 233년 처음 집정관이 되었다. 총 다섯 번의 집정관직을 역임하였다. 기원전 203년에 사망한다. 한니발 전쟁 당시 지연전술을 사용하였는데, 이 때문에 인민들에게서 '굼벵이'라는 비난을 들어야 했다.

전하였네. 그리고 나서 5년 후에 투디타누스와 케테구스가 집정
관이었을 때[36] 나는 재무관이 되어 정무관직을 수행하게 되었는
데,[37] 그때도 실로 그분은 상당한 고령이었지만, 증여 및 증물 금
지에 관한 킹키우스 법[38]의 입법 지지자로 활동하셨지. 이 어르
신은 아주 고령인데도 전쟁을 청년처럼 수행하시면서, 철모르고
날뛰는 청년 한니발[39]을 주물러놓는 특유의 인내심도 보여 주셨
다네. 그 일을 우리의 친구 엔니우스가 크게 노래하였지.[40]

굼벵이 같은 한 사람이 우리의 조국을 구했다.

평판이 아니라 국가의 안녕을 앞세운 사람이.

따라서 훗날 그 사내의 위업은 더욱 빛나리라.

36 푸블리우스 셈프로니우스 투디타누스와 마르쿠스 코르넬리우스 케테구스는
    기원전 204년의 집정관이다.
37 여기에 따르면 카토는 기원전 234년 태어났으며, 20살이 되던 기원전 214
    년에 카푸아 전투에, 25살이 되던 기원전 209년에 다섯 번째 집정관을 역임
    하는 파비우스 막시무스와 함께 타렌툼 전투에 참전하였던 것으로 보인다.
    이후 30살이 되던 기원전 204년 재무관에 올랐다.
38 호민관 마르쿠스 킹키우스 알리멘투스가 기원전 204년에 제안하여 통과시
    킨 법이다. 공직 입후보자는 몇몇 예외의 경우를 제외하고, 일정 액수 이상
    의 금액이나 선물 등의 변론 대가를 받지 못하도록 금지한 법이다.
39 한니발은 29살이 되던 218년에 이탈리아를 침공하였고, 타렌툼 수복 당시
    파비우스 막시무스는 60대 중반이었을 것이다.
40 엔니우스 단편 370~372 Vahlen.

11 어떠한 주도면밀함과 어떠한 심모원려(深謀遠慮)로써 그분은 타렌툼을 수복하셨던가![41] 실로 내가 직접 들었는데, 살리나토르[42]가 시가지를 내팽개치고 성채에서 농성하고 있다가, 자랑스러워하며 이렇게 말했지. "퀸투스 파비우스여! 내 수고 덕분에 그대가 타렌툼을 수복하였도다." 그에게 웃으며 그분은 말씀하시길, "여부가 있겠는가! 자네가 버렸으니 망정이지, 그렇게 하지 않았다면, 나는 수복할 것이 없었을 걸세." 무장을 하셨을 때만큼이나 평복을 입으셨을 때도 그분은 출중하셨네. 그분은 재선 집정관으로서, 호민관 가이우스 플라미니우스[43]가 원로원의 포고에도 불구하고 갈리아 피케눔 농지[44]를 일인당 얼마씩 분배

---

41 로마는 기원전 212년에 한니발에게 타렌툼을 빼앗겼고, 기원전 209년 파비우스 막시무스는 다섯 번째 집정관직을 수행하면서 이를 수복하였다.

42 마르쿠스 리비우스 살리나토르는 기원전 219년과 207년 집정관을 역임하였다. 그는 기원전 207년 메타우루스 전투를 지휘하였고, 이때 한니발의 동생 하스드루발을 물리쳤다. 이 전투는 한니발 전쟁의 전세를 바꾼 중요한 전투 가운데 하나라고 하겠다. 키케로가 여기서 살리나토르라고 착각한, 타렌툼 성채를 지킨 마르쿠스 리비우스는 '마카투스'라는 별칭을 가진 다른 사람이다. 마카투스는 파비우스 막시무스가 타렌툼 도심을 수복할 때까지 타렌툼 성채를 굳건히 지켜냈다.

43 가이우스 플라미니우스가 갈리아 피케눔 농지를 분배하려고 했던 것은 기원전 232년이었다. 파비우스 막시무스가 두 번째 집정관직을 역임한 때는 기원전 228년이다. 키케로의 착각으로 보인다.

44 피케눔과 움브리아에 걸쳐 있는 북부 이탈리아의 한 지역이다. 켈트족의 하나인 세노네스 사람들에게 로마가 몰수한 지역으로 한니발 전쟁 당시 로마의 영토였다.

하고자 했을 때, 동료 집정관 스푸리우스 카르빌리우스는 침묵하였지만, 힘이 닿는 데까지 반대하셨고, 또한 그분은 조점관이셨지만, 놀랍게도 이렇게 말씀하셨는데, 국가의 안녕을 도모함은 최고의 길조이고,[45] 국가에 반하는 일은 불길한 처사라고 하셨다네. **12** 이 어르신에게서 나는 대단한 것들을 많이도 보았지만, 무엇보다 경탄할 일은 그분이 집정관을 지낸 장한 아드님[46]의 죽음을 견뎌내는 모습이었네. 그분이 낭송한 추도문[47]은 널리 읽혔는데, 이를 읽을 때 어느 철학자인들 우리가 얕잡아보지 않을 수 있겠는가? 그분은 세상과 시민들의 눈에 위대한 분이셨을 뿐만 아니라, 집안에서는 훨씬 탁월한 분이셨네. 말씀은 어떠했고, 가르침은 어떠했으며, 옛것들의 박식함은 얼마만큼이었고, 조점관 법의 박학함은 얼마만큼이었던가! 로마인치고는 심지어 문학에도 조예가 깊으셨다네.[48] 국내의 전쟁들은 물론이고 해외

---

45 호메로스, 『일리아스』 제12권 237행 이하 "그대는 날개가 긴 새들에게 복종하라고 명령하지만 나는 새 같은 것은 개의치도 아랑곳하지도 않소 …… 최선의 새점은 오직 하나뿐, 조국을 위해 싸우는 것이오."

46 아버지와 같은 이름을 쓰는 장남 퀸투스 파비우스 막시무스는 기원전 213년에 집정관을 역임하였다.

47 플루타르코스 영웅전 『파비우스』 24에 따르면 파비우스 막시무스는 아들을 위한 추도사를 직접 낭송하였으며, 나중에는 출판도 하였다.

48 호라티우스, 『서간시』 II 1, 161행 이하 "로마는 늦게서야 희랍 서적에 흥미를 가지고 카르타고 전쟁 이후 평화롭게 묻기 시작했습니다. 소포클레스, 테스피스, 아이스퀼로스가 쓸모 있을까?"

의 전쟁들도 모두 기억하고 계셨지. 나는 그분의 말씀을, 그분이 돌아가시면 배울 분이 다시는 없겠다는 예감으로 열심히 듣곤 하였는데, 실제로도 그러하였네.

V 13 그럼 무엇 때문에 막시무스 어르신을 이렇게 아주 길게 말한 것이냐? 그러한 노년을 불행하다 말하는 것은 부당함을 자네들이 맹세코 잘 알기 때문이네. 물론 모두가 스키피오나 막시무스처럼 도시들의 함락을, 육상 전투와 해상 전투를, 그들이 이끌었던 전쟁을, 개선식을 회상할 수는 없지. 하지만 조용하고 깔끔하고[49] 우아하게 살아온 인생에도 평화롭고 수월한 노년이 따른다네. 플라톤의 노년이 그러했다고 우리는 들었는데[50], 그는 81세에 글을 쓰다가 생을 마쳤다고 하지.[51] 이소크라테스[52]의 노

---

49 '깔끔하게 pure'를 호라티우스, 『서정시』 I 22, 1행 '죄는 티끌만큼도 없는 삶에 *integer vitae sceleris purus*'와 연관시켜 '세상사에 관여하지 않는'으로 해석한다.

50 디오게네스 라에르티오스(3, 40 이하)는 "또한 그(플라톤; 역주)는 어떤 사람들이 말하는 바에 따르면 대부분의 시간을 은둔하여 지냈다"라고 기록하였다.

51 플라톤은 기원전 429년 태어나 기원전 347년 세상을 떠났다. 플라톤은 아카데미아에 묻혔다. 디오게네스 라에르티오스(3, 2 이하)는 플라톤이 81세로 생을 마쳤다고 기록하였는데, 네안테스는 84세에 사망하였다고 주장한다. 다른 기록에 따르면 손님으로 초대된 혼인 잔치에서 죽었다고도 한다.

52 이소크라테스는 기원전 338년에 곡기를 끊어 스스로 목숨을 끊었다고 전하는데, 이때 마케도니아의 필립포스에 의해 희랍 세계가 자유를 상실한 것에 크게 실망했기 때문이라고 한다.

년도 그러하였는데, 그는 『아테나이 축전』이라고 제목이 붙은 책을 94세에 본인이 썼다고 말했고, 그 후로도 5년을 더 살았다고 하지. 이소크라테스의 스승인 레온티니의 고르기아스[53]는 107세를 넘겼는데, 결코 한 번도 그의 공부와 작업을 게을리하지 않았다네. 고르기아스에게 어떤 사람이 물었다지. "그토록 오랜 세월 어찌 늘 현역이고자 하십니까?" 이에 그는 답하길, "내겐 노년이 문제될 게 없기 때문일세." 배운 사람다운 대단한 대답이로다! **14** 하지만 실로 자신의 잘못과 결함을 노년의 탓으로 돌리는 자들은 어리석은 자들이네. 하지만 내가 방금 언급했던 엔니우스는 그런 잘못을 범하지 않았지.[54]

> 마치 굳센 준마처럼, 결승선에서 종종 올림피아를
>
> 거머쥐었으나, 이제는 노령에 지쳐 은퇴한 말처럼.

엔니우스는 굳센 우승마의 노년을 그의 노년과 비교하고 있다. 분명 자네들도 그를 옳게 기억할 걸세. 티투스 플라미니누스

---

53 고르기아스는 시킬리아 섬의 동부 해안 레온티니 출신으로 수사학 선생이 그의 본업이다. 그는 펠로폰네소스 전쟁 초기에 조국이 이웃나라인 쉬라쿠사이의 공격을 받아 위험에 처했을 때 도움을 청하기 위해 외교사절로 동맹국 아테나이를 방문하기도 했다. 테살리아의 라리사에서 사망하였다. 아폴로도로스는 『연대기』에서 그가 109 살까지 살았다고 전한다.

54 엔니우스, 『연대기』 374~375 Vahlen.

와 마니우스 아킬리우스가 집정관인 올해[55]는 그가 사망한 지 19년이 되는 해이니 말일세. 그는 그러니까 카이피오와 필립푸스가 ― 이때 필립푸스는 집정관이 두 번째였는데[56] ― 집정관이던 해에 사망하였지.[57] 당시 나는 65세의 나이로 보코니우스 법[58]을 큰 목소리와 우렁찬 허파로 지지하였는데, 70세의 나이였던 엔니우스는 그렇게 장수하였고, 사람들이 가장 힘겨운 짐이라고들 생각하는 가난과 노년을 거의 즐긴다고 할 정도로 잘 이겨내고 있었다네.

15 사실 마음속으로 헤아려보면, 노년이 불쌍해 보이는 이유로 나는 네 가지를 꼽게 된다네. 첫 번째 이유는 활동을 그만두지 않을 수 없기 때문이고, 두 번째 이유는 노년이 육신을 쇠약하게 만들기 때문이고, 세 번째 이유는 거의 모든 쾌락을 빼앗기

---

55 기원전 150년.
56 카이피오와 필립푸스는 기원전 169년의 집정관들이다. 필립푸스는 기원전 186년에 처음 집정관직을 역임하였다.
57 엔니우스는 기원전 169년에 사망하였다.
58 기원전 169년 호민관 퀸투스 보코니우스 삭사가 제안한 법률이며 정확한 내용은 전해지지 않는다. 이선주, 『투리아 칭송 비문 연구』 70쪽 이하 "해당년도 호구조사에서 일정량 이상의 재산을 가진 것으로 등재된 자산가들, 혹은 제1등급 시민들에게 여성을 상속인으로 지정하는 것을 금하며, 사망으로 인한 유증분은 상속분보다 적어야 한다는 것을 주 내용으로 하는 법이라고 전해진다." 키케로, 『국가론』 III 10, 17 "실로 남성들의 이익을 위해 제정된 그 법(보코니우스 법)은 여성들에 대해서는 불의로 가득하다. 실로 왜 여성은 금전을 갖지 말아야 하는가?" 『최고선악론』 II 16, 55; II 18, 58을 보라.

기 때문이고, 네 번째 이유는 죽음이 머지않았기 때문이겠지. 자네들이 좋다면, 이 이유들이 과연 타당한지, 그리고 얼마나 타당한지를 하나하나 살펴보도록 하세.

VI '노년은 활동을 빼앗는다.' 어떤 활동이겠나? 젊음과 힘으로 하는 일이 아니겠나? 그러니까 육체는 쇠약해졌을지라도 정신으로 관리할 만한 노인의 일이 아무것도 없더란 말인가? 그렇다면 퀸투스 막시무스는 아무 일도 하지 않았던 것이고, 자네의 부친이며, 장한 사내였던 내 아들[59]의 장인 되는 루키우스 파울루스[60]는 아무 일도 하지 않았던 것인가? 파브리키우스와 쿠리우스와 코룽카니우스와 같은 다른 노인들[61]도, 지혜와 위엄으로써

---

59 마르쿠스 포르키우스 카토는 기원전 152년에 사망하였는데, 이때 그는 법정관 당선인이었다. 파울루스의 딸 아이밀리아와 결혼하였다.

60 루키우스 아이밀리우스 파울루스는 현재 카토와 대화하고 있는 스키피오 아이밀리아누스의 육친이다. 파울루스의 딸은 카토의 아들과 결혼하였다. 루키우스 파울루스는 기원전 182년과 168년에 집정관을 지냈고, 기원전 164년에 호구감찰관을 지냈다. 그는 제3차 마케도니아 전쟁(기원전 171~168년)에 참전하였고, 기원전 168년 퓌드나 전투에서 승리하였을 때 그의 나이가 60세였다.

61 여기 언급된 세 명의 사람들은 모두 기원전 3세기에 살았던 사람들이다. 『투스쿨룸 대화』 I 46,110에 로마를 지켜낸 위인들 명단에 언급된다. 가이우스 파브리키우스 루스키누스는 기원전 282년, 278년의 집정관이며, 기원전 275년의 호구감찰관이다. 그는 퓌로스 전쟁에서 혁혁한 전공을 쌓았다. 마니우스 쿠리우스 덴타투스는 기원전 290년, 275년, 274년의 집정관이며, 기원전 272년의 호구감찰관이다. 그는 기원전 275년 베네벤툼에서 퓌로스와 싸워 물리침으로써 퓌로스 전쟁을 승리로 종결시켰다. 티베리우스 코룽카

국가를 지켜냈음에도, 아무 일도 하지 않았던 것인가? **16** 아피우스 클라우디우스[62]는 노년에다 실명까지 보태어졌지. 그런데도 그는 원로원의 판단이 퓌로스와 평화협정 및 동맹조약을 맺는 쪽으로 기울어지자 주저 없이, 엔니우스가 운문으로 이렇게 기록한 말을 했다지.[63]

여러분의 정신은, 올바르게 바로 서 있었던
이전과 달리, 길을 벗어나 어디로 향하는가?

이어지는 말들도 매우 엄중하였네. 자네들도 그 시를 알고 있을 터이고, 물론 그게 아니어도 아피우스 본인의 연설문도 남아 있네.[64] 아피우스가 이 연설을 한 것은 그가 두 번째 집정관직을 역임한 후 17년 뒤였다네. 첫 번째 집정관직과 두 번째 집정관

니우스는 기원전 280년의 집정관이며, 추정컨대 기원전 254년 평민 가운데 최초로 최고 대사제로 선출되었다. 그는 법률가와 연설가로 유명하다.

62 아피우스 클라우디우스 카이쿠스는 기원전 307년, 296년에 집정관이었고, 기원전 312년 호구감찰관을 역임하였다. 퓌로스는 기원전 280년 헤라클레아에서 승리한 이후 평화조약을 위해 로마에 사신을 파견하였다. 키케로, 『투스쿨룸 대화』 V 38, 112 "오랜 세월 장님으로 살았던 옛 사람 아피우스를 그가 수행했던 관직들과 업적들로부터 판단하건대, 그는 불행 속에서도 사적 의무와 공적 의무를 다했음을 우리는 알고 있습니다."

63 엔니우스, 『연대기』 202~203 Vahlen.

64 이 연설문은 플루타르코스 영웅전 『퓌로스』 19에 전한다.

직 사이에는 10년의 격차가 있었고, 호구감찰관직은 첫 번째 집정관직 역임 이전이었다네. 이것들로부터 퓌로스 전쟁 당시 그가 굉장히 고령이었음을 짐작할 수 있지만, 그게 아니어도 선조들로부터 들은 바도 그가 그렇게 고령이었다는 것이지. **17** 그러므로 노년이 활동을 못하게 한다고 주장하는 자들은 터무니없는 소리를 하는 것이네. 이는 마치 어떤 이들은 돛대에 올라가고, 어떤 이들은 갑판 위를 뛰어다니고, 어떤 이들은 배 밑창에 고인 물을 퍼내는데, 선장은 키를 잡고 가만히 선미에 앉아 있기 때문에 그가 항해에서 아무것도 하지 않는다고 주장하는 사람들과 같은 짓이지. 그래, 선장은 청년들이 하는 일들을 하지는 않지만, 그것들보다 훨씬 더 중하고 커다란 일을 하고 있네. 큰일을 하는 것은 육체의 힘이나 순발력이나 민첩성이 아니라 지혜와 위엄과 판단이지. 이것들은 노년에 오그라지지 않고 오히려더욱 커지는 법이네. **18** 내가, 사병으로도 군사대장으로도 참모로도 집정관으로도 수많은 전쟁에 참여했던 내가[65] 자네들에

---

65 카토는 기원전 214년 시킬리아에서 군사대장으로 복무하였다. 기원전 209년 집정관 퀸투스 파비우스 막시무스 휘하에서 타렌툼 탈환 작전에 참전하였다. 기원전 204년 재무관으로 아프리카 원정군 사령관 푸블리우스 코르넬리우스 스키피오 휘하에서 복무하였다. 기원전 195년 집정관으로 이족 히스파니아 원정군을 지휘하여 히스파니아 속주민의 반란을 진압하였고, 기원전 194년 개선식을 거행하였다. 기원전 191년 희랍 원정군 사령관 마니우스 아킬리우스 글라브리오의 참모로 안티오코스 3세와의 전쟁에 참전하여 테

게 지금은 쉬고 있는 것으로 보일 걸세. 지금은 내가 전쟁을 수행하고 있지 않으니 말일세. 하지만 나는 원로원에 어떤 전쟁을 어떻게 수행해야 할지를[66] 줄기차게 제안하고 있네. 이미 오랫동안 적의를 버리지 않는 카르타고에 선전포고할 것을 나는 한참 전부터 주장하였고,[67] 카르타고가 파괴되었음을 알게 되기 전에는 결코 카르타고에 대한 두려움을 거두지 않을 것이네. **19** 스키피오, 자네를 위해 불멸의 신들께서 승전의 영예를 보류하시길! 자네가 조부의 유업[68]을 계승할 수 있도록 말일세. 자네 조부가 돌아가신 지 올해로 33년이 되었지만,[69] 그분의 기억은 이어

르모필라이 전투에서 활약하였다.

66 기원전 150년 초에 카토는 카르타고가 전쟁을 준비하고 있다는 풍문을 확인하기 위해 카르타고를 방문하였다고 전한다. 이때 카토가 흔히 "카르타고는 파괴되어야 한다 *Carthago delenda est*"라고 인용되는 정책을 주장하였고, 이에 원로원은 카토의 주장에 따라 카르타고와의 전쟁을 결정한다.

67 카토는 기원전 153년에 카르타고와 누미디아 사이의 영토분쟁 조정을 위해 외교사절로 카르타고를 방문하였고, 부흥하는 카르타고의 모습을 보고 이에 경계와 불신을 가졌으며 이후 꾸준히 카르타고 적대정책을 주장하였다.

68 키케로는 노(老)스키피오가 '카르타고 파괴'의 염원을 다 이루지 못하고 사망한 것처럼 쓰고 있다. 키케로, 『국가론』6, 11, 15를 보라. "네가 카르타고를 파괴하고, 개선식을 거행하고⋯⋯"

69 카토가 여기서 대화하는 시점을 기원전 150년이라고 할 때, 따라서 스키피오의 사망은 기원전 183년이 된다. 그런데 카토가 호구 감찰관이 되기 1년 전이면 기원전 184년이고, 카토가 기원전 195년에 집정관직을 역임하였기 때문에 스키피오의 사망 시점은 기원전 184년이다. 스키피오의 사망 시점은 불명확하다.

지는 세월 내내 이어질 것일세. 별세하신 것이 내가 호구감찰관이 되기 1년 전이고, 내가 집정관직을 역임한 지 9년 뒤였지. 내가 집정관으로 있을 때, 그분은 재선 집정관으로 당선되셨지.[70] 그러므로 만약 100세까지 사셨다면, 그분이 노년을 원망하셨을까? 뛰고 달리고 멀리서 창을 던지고 근접하여 검을 휘두르지는 못하셨겠지만, 여전히 지혜와 이성과 판단을 보여주셨을 것이네. 만일 이것들이 노인들이 가지지 못한 것이라면, 우리네 선조들은 최고 협의체를 원로원[71]이라고 부르지 않았을 것이네. **20** 라케다이몬 사람들도 실로 최고 정무관직을 역임하는 사람들을, 실제로 노인이었지만, 호칭으로도 원로라고 불렀다네.[72] 자네들이 외국의 역사를 읽거나 듣는다면, 더없이 막강한 국가들이 젊은이들에 의해 파괴되고, 노인네들에 의해 수습되고 재건된 사례들을 발견할 것이네.

보시오! 어찌 그대들의 대단한 나라를

그리 빨리 잃었소?[73]

---

70 스키피오는 카토가 집정관이던 195년에 집정관으로 선출되었고, 기원전 194년 두 번째 집정관 임기를 시작한다.

71 '원로원 *senectus*'는 '노인 *senex*'에서 유래한다.

72 스파르타는 '게루시아 γεροσία'라고 불리는 국가의 최고 협의체가 있는데, 말 그대로 번역하면 '노인들의 모임'이다.

73 나이비우스, 『민족 비극』 7~8.

시인 나이비우스[74]의 『루두스』에서처럼 사람들은 이렇게 묻곤 하지. 이에 사람들은 여러 다른 대답들을 하였는데, 특히 이런 답이 있었다네.

풋내기 연설가들, 어리석은 청년들이 나섰던 것이다.

경솔함은 아무렴 꽃피는 청춘에 속하는 것이겠고, 현명함은 노년에 속하는 것이겠지.[75]

VII 21 '하지만 기억력은 감퇴한다.' 그렇다네. 만약 기억력을 연습하지 않는다거나, 심지어 본성적으로 우둔하다면 그럴 것이라고 나는 생각하네. 테미스토클레스[76]는 시민들의 이름을 모

---

74 로마 문학의 비조 리비우스 안드로니쿠스와 동시대를 살았던 시인으로 여러 편의 희극과 비극, 서사시를 남겼다. 그가 문학 활동을 시작한 것은 기원전 235년이며, 카르타고 전쟁에 참전하기도 하였다. 그의 작품으로 유명한 것은 『포에니 전쟁』이다. 키케로가 언급한 『루두스』는 제목만 남아 있고 내용이 불분명하다.

75 『일리아스』 제3권 108행 이하 "젊은이들의 마음은 항상 들떠 있지만, 노인은 어떤 일에 개입하든 앞뒤를 재는 까닭에 쌍방에 최선의 결과를 가져오게 마련이지요."

76 기원전 524~459년에 살았던 아테나이의 정치가이자 장군이었다. 테미스토클레스의 뛰어난 기억력에 얽힌 다른 고사는 키케로, 『최고선악론』 II 32, 104 "테미스토클레스는 그에게 시모니데스가 혹은 어떤 다른 사람이 기억의 기술을 가르쳐주겠노라 약속했을 때, '나는 오히려 망각술을 원한다. 나는 원하지 않는데도 기억하고, 원하는데도 잊어먹을 수 없다'라고 말했다고 한다."

두 줄줄 외웠다고 하지. 그럼 자네들은 그가 나이가 들어서 아리스테이데스라고 인사하던 사람을 뤼시마코스라고 불러 인사했을 것이라고 생각하는가?[77] 실로 나도 현재 살아 있는 시민들은 물론이고 그들의 부친들과 조부들도 줄줄 외우고 있네. 나는 사람들이 말하는바, 묘비를 읽으면서 기억을 잃을까 두려워하지는 않는다네.[78] 묘비를 읽음으로써 나는 망자들에 대한 기억을 되살린다네. 나는 어떤 노인이 그의 보물을 숨겨놓은 곳을 잊어먹었다는 말을 들어본 적도 없네. 노인들도 그들이 염려하는 것은 모두를, 법정 출두일이나, 그들이 누구에게 받아야 하는지를, 그들이 누구에게 갚아야 하는지 계약들을 정확히 기억한다네. **22** 나이든 법률 고문들은 어떠한가? 나이든 대사제들은 어떠한가? 나이든 조점관들은 어떠한가? 나이든 철학자들은 어떠한가? 그들은 얼마나 많은 걸 정확히 기억하는가? 열심과 진심이기만 하다면 노인들에게 타고난 재능은 변함이 없네. 그것은 탁월하고 존

---

77 아리스테이데스는 테미스토클레스와 동시대인으로 뤼시마코스의 아들이었다. 페르시아 전쟁에 참전하여 마라톤 전투, 살라미스 해전에서 싸웠다. 그는 정직함과 신의로 아테나이 사람들 사이에서 신망이 두터웠다고 한다.

78 '묘비를 읽으면 기억을 잃는다'는 속담 혹은 미신이 있었던 것으로 보인다. A. Otto, *Die Sprichwoerter und sprichwoertlichen Redensarten der Roemer*(Leipzig 1890), 218쪽 이하에 따르면, 비문을 읽고 다니느라 분주한 사람, 다시 말해 호고(好古)적 탐색에 몰두하는 사람은 현실을 망각하게 되고, 그리하여 현실을 이해하는 능력 자체를 잃게 된다는 믿음 때문에 이런 속담 내지 미신이 생겨난 것으로 보인다.

경받는 사람들에게만이 아니라, 재야에 머무는 한가로운 삶에서
도 그러하지. 소포클레스는 아주 고령까지도 비극작품들을 지었
다 하네. 그런 열정 때문에 집안일을 소홀히 하는 것으로 보였기
때문에 아들들에 의해 법정에 소환되었는데, 우리네 관습에 가
산(家産)을 제대로 돌보지 않는 가부장들에게 흔히 금치산(禁治
産)을 선고하는 것과 같이, 심판인들이 심신상실자인 소포클레스
에게 금치산을 선고해주기를 바랐던 것이네. 그때 노인은 최근
완성하여 손에 들고 있던 비극『콜로노스의 오이디푸스』[79]를 심
판인들에게 낭송해주고, 이 비극을 심신이 상실된 자가 쓸 수 있
다고 생각하느냐고 물었다고 하네. 그가 낭송을 마치자, 심판인
들은 판결로써 그를 풀어주었다고 하네. **23** 그러므로 이 시인에
게, 호메로스에게, 헤시오도스에게, 시모니데스[80]에게, 스테시코

---

79 소포클레스는 기원전 495년 아테나이의 콜로노스에서 태어났다. 그는 20세
    이후 계속해서 비극 경연에서 입상하였다. 기원전 406년에 사망하였으며,
    『콜로노스의 오이디푸스』는 그의 손자 소포클레스가 401년에 무대에 올렸다
    고 한다.

80 시모니데스는 기원전 556~468년까지 살았던 희랍 시인이다. 케오스섬 출
    신으로 쉬라쿠사이에서 사망하였다. 시모니데스 단편 119 "여행자여, 당신
    은 라케다이몬 사람들에게 전하라! 명령을 충실히 따르다 우리가 여기에 누
    워 있다고." 키케로, 『투스쿨룸 대화』 I 42, 101에 시모니데스가 테르모필라
    이 전투에서 전사한 병사들을 위한 비문이 전한다. "나그네여, 스파르타에
    가서 전하라! 끝까지 조국의 신성한 법률을 지키다 우리가 여기 누워 있음
    을 그대가 보았노라고."

로스[81]에게, 방금 내가 언급한 이소크라테스와 고르기아스에게, 그리고 철학의 제일인자들[82]인 피타고라스와 데모크리토스와 플라톤에게, 또 크세노크라테스[83]에게, 나중에는 제논과 클레안테스[84]에게, 혹은 자네들도 로마에서 보았던 스토아 철학자 디오게네스[85]에게 노년이 열정을 버리고 침묵하라 하였던가? 이들 모두의 학문적 활동은 삶과 나란히 이어지지 않았던가?

24 그럼 이런 신적인 과업들[86]은 그만두고, 나는 사비눔 농지의 로마 농부들을 언급할 수 있는데, 그들은 나의 이웃들로 내 친구들이네.[87] 그들이 없으면 농지에서 행해지는 중요한 일들은

---

81 스테시코로스는 기원전 630~550년까지 살았던 희랍 시인으로 시킬리아의 히메라 출신이다. 루키아노스에 따르면 85세까지 살았다고도 전한다.

82 키케로, 『투스쿨룸 대화』 IV 19, 44 "철학의 제일인자들도 그들의 학문에서 불타오르는 욕망이 없었다면 …… 피타고라스와 데모크리토스와 플라톤은 세상 끝까지 돌아다녔다고 전하는데……." 여기서는 '철학의 제일인자들'의 목록이 스토아철학자 디오게네스까지 확장된 것으로 보인다.

83 크세노크라테스는 기원전 396~314년까지 살았던 철학자로, 플라톤의 제자이며 스페우시포스의 뒤를 이어 아카데미아학파를 이끌었다.

84 키티온의 제논은 스토아학파의 창시자로 98세까지 살았다고 전한다. 클레안테스는 스토아학파의 철학자로 제논의 뒤를 이어 스토아학파를 이끌었다.

85 바빌론의 디오게네스는 기원전 155년 로마에 사절단으로 왔던 희랍 철학자 3인 가운데 한 명이다. 신(新)아카데미아학파의 창시자라고 하는 카르네아데스와 소요학파의 크리톨라오스가 이 사절단에 포함되어 있었다.

86 '신적인 과업들'은 앞서 언급된 문학과 철학을 가리킨다.

87 카토의 고향 투스쿨룸과 이웃한 지역을 가리킨다.

거의 전부 행해지지 않는데, 곡식을 파종하는 것도, 수확하는 것도, 저장하는 것도 그러하지. 이런 일들은 당연한 것이, 그들 중 누구도 자신이 채 1년도 못 산다고 생각할 만큼의 노인은 아니기 때문이지만, 그들 자신은 전혀 누릴 수 없음을 아는 일들조차 그들은 마찬가지로 진력을 다한다네.

다음 세기에 추수하게 될 나무들을 그는 심는다.[88]

25 이렇게 우리의 스타티우스[89]는 『친구들』에서 말하였지. 농부는 고령이었지만, 누구를 위해 나무를 심느냐고 묻는 사람에게 주저 없이 답하였다네. "불멸의 신들을 위해서지요. 신들은 제가 조상들에게서 이것들을 물려받기를 바라셨고, 또한 제가 후손들에게 물려주기를 바라셨으니."[90]

VIII '다음 세기'를 내다보는 노인을 두고 카이킬리우스가 한 말은 훌륭하였는데, 그의 다음 말은 그렇지 못하다네.

---

88 카이킬리우스 희극 단편 210.
89 가이우스 카이킬리우스 스타티우스는 갈리아의 인수브레스족으로 마르켈루스가 이들을 점령하였을 때 노예가 되어 로마에 왔다. 이때가 기원전 222년이며 엔니우스와 동시대인이다. 플라우투스의 뒤를 이어 로마 희극을 썼다.
90 문맥상 카이킬리우스에게서 키케로가 인용한 것인데, 키케로는 카이킬리우스의 운문행을 산문으로 변형한 것으로 보인다.

맙소사, 노년아! 네가 다른 결손은 전혀 달고

오지 않아도, 이것 하나로도 결손은 충분하니,

오래 살다보면 못 볼 걸 많이 본다는 것이다.[91]

그리고 나아가 아마도 보고자 하는 것도 많이 보겠지. 그리고
못 볼 걸 보는 일은 청년에게도 닥치겠고. 하지만 카이킬리우스
의 다음 말은 더욱더 큰 결함을 드러내고 있네.

내 보기에 실로 노년의 가장 큰 불행은 이것인데,

그 나이의 자신이 남에게 불편한 사람이라는 생각.[92]

26 하지만 오히려 노년은 남들에게 불편한 존재가 아니라 즐
거운 존재라네. 그러니까 노인이 되어서도 지혜로운 사람들이
끌끌하고 얌전한 젊은이들에게 즐거운 존재이고, 노년의 삶이
청춘들의 공경과 존경을 받음으로써 더욱 수월해지는 것처럼,
청년들도 그들을 덕의 함양으로 이끌어가는 노인들의 가르침을
받으면서 기뻐한다네.[93] 자네들이 나에게 즐거운 존재인 것만큼

---

91 카이킬리우스 희극 단편 173~175. 헤로도토스, 『역사』 I 32 "인간은 오래
   살다보면 보고 싶지 않은 것도 많이 보고, 겪고 싶지 않은 것도 많이 겪어야
   하나이다."
92 카이킬리우스 희극 단편 28~29.

내가 자네들에게 즐거운 존재임을 나는 잘 알고 있네.

자네들은 명심해야 할 것인 바, 노년은 무기력하거나 활기 없는 때가 아니며, 오히려 바쁘고 언제나 무언가를 — 물론 각자 지난날에 열정을 쏟았던 것들이겠지만 — 기획하고 실천하는 때라네. 솔론이 시를 통해 자랑스럽게, '무언가를 매일 새롭게 배워가면서 노인이 되어간다'[94]고 말했음을 우리는 알고 있고, 나도 노인이 되어서 희랍 문학을 공부한 것처럼, 어떤가, 노인들은 계속 배워가는 것이 아닌가? 나는 희랍 문학에 지극히 몰두하였는데, 그것은 마치 오랜 갈증을 해소하려는 욕심과 같은 것이었다네. 그래서 자네들이 본 대로 방금 내가 인용한 시행도 알게 되었다네. 소크라테스가 칠현금을 뜯었다는 것을 들었을 때,[95] 나

---

93 크세노폰, 『소크라테스 회상』 II 1, 33 "젊은이들은 연장자들의 칭찬에 기뻐하고 더 나이든 사람들은 젊은이들의 존경에 자랑스러워합니다."

94 아래의 50절을 보라.

95 플라톤, 『에우튀데모스』 272c "지금까지도 그는 나에게 키타라 연주를 가르치고 있네. 그래서 나와 같이 배우러 다니는 애들이 그걸 보고는 나를 비웃을 뿐만 아니라 콘노스를 노인네의 선생이라고 부른단 말이지." 『파이돈』 60e "그나 그의 시들에 맞수가 되려고 그것들을 지은 것이 아니라 …… 어떤 꿈들이 무엇을 이야기하는 것인지 시험해 보고, 혹 그 꿈들이 정말로 시가를 지으라고 명하는 것이라면 신의 소임을 다하기 위해 그렇게 한 것이라고 말일세. …… 과거의 삶 중에 종종 같은 꿈이 나를 찾아와서는, 그때그때 다른 모습으로 나타나기는 했지만, 똑같은 것을 이야기했다네. '소크라테스여, 시가를 짓는 일을 하라.' …… 혹시 그 꿈이 내게 저 통상적인 시가를 지으라고 명하는 것이라면, 그것을 거부하지 말고 지어야만 한다는 생각이 들었네."

도 실로 그것을 해보고 싶었지. 옛사람들이 칠현금을 배웠다고 하기 때문이었네.[96] 아무튼 나는 적어도 희랍 문학만큼은 분명코 열심히 정진하였다네.

IX 27 노년의 결손들 가운데 두 번째라 하기에 하는 말인데, 지금 나는 청년 같은 힘을 원하지 않네. 청년이었을 때도 난 황소나 코끼리 같은 힘을 원하진 않았지. 현재 가진 것, 그것을 쓰는 것, 그러니까 무얼 하든 지금 가진 힘에 알맞게 하는 것이 아름다운 법이네. 크로톤의 밀론[97]이 했던 말만큼 창피스러운 말은 무엇이겠는가? 노년을 보내고 있던 어느 날 그는 운동장에서 체력을 단련하는 운동선수들을 보았고, 이어 자신의 팔뚝을 쳐다보면서 눈물을 훔치며 말했다지. "세상에! 내 팔뚝은 이미 사망하였구나." 팔뚝이 아니라 당신 자신이겠지, 어리석은 이여! 당

---

96 키케로, 『투스쿨룸 대화』 I 2, 4 "희랍인들은 현악기에 맞춘 노래에 최고의 교육 목표를 두었다. 그리하여 내 생각에 희랍 최고의 지도자라 할 만한 에파메이논다스도 현악에 맞추어 훌륭하게 노래하였다고 전한다. 이에 앞서 몇 년 전 테미스토클레스가 잔치에서 뤼라를 연주할 수 없다고 말하였을 때, 사람들은 이를 교양의 부족이라고 여겼다. 이런 이유로 희랍에서 음악가들이 번창하였고, 모두가 이를 배우고자 하였으며 이를 모르는 사람은 교양 교육을 충분히 받지 못한 사람으로 여겨졌다."
97 이탈리아 남동부 해안의 도시로 크로톤이나 크로토나로 불렸고, 오늘날은 크로토네로 불린다. 밀론은 피타고라스의 제자로 기원전 6세기 후반에 살았던 유명한 운동선수였다. 퓌티아 경기와 올륌피아 경기에서 여러 차례 우승을 차지하였다.

신의 명성은 당신 자신 때문이 아니라, 당신의 팔과 옆구리 때문이었구려! 시민들의 법률 자문에 응하던 섹스투스 아일리우스[98]도, 오래전의 티베리우스 코룽카니우스[99]도, 최근의 푸블리우스 크라수스[100]도 그런 말을 한 적이 없으니, 생의 마지막 순간까지 그들의 법률적 지혜는 계속 진보하였다네. **28** 연설가는 노년에 맥을 못 추게 되지 않을까 난 염려하고 있다네. 연설가의 소임이 재능만이 아니라 허파와 힘에도 달렸기 때문이지. 그런데 노년에 이르러 나는 목소리의 음색이, 까닭을 알 수는 없지만, 오히려 맑아지더군. 실로 지금까지도 이 목소리를 나는 잃지 않고 있지만, 그래도 내 나이를 자네들도 알지 않은가. 하지만 그럼에도 노인의 말투는 나지막하고 느린 것이 아름다운 법인데, 연설 좀 한다 하는 노인의 찬찬하고 차분한 연설이 그 나름대로 청중을 끌어들이는 일도 아주 흔하긴 하네. 하지만 이제 연설을 직접 행할 수 없는 사람이라도 스키피오와 라일리우스 같은 이들에게

---

98 섹스투스 아일리우스 파이투스는 기원전 198년 집정관을 역임하였고, 기원전 194년 호구감찰관을 역임하였다. 그는 키케로가 전하는 바에 따르면 로마 최고의 법률가였다(*Brutus* XX 78).

99 각주 61번을 보라.

100 푸블리우스 리키니우스 크라수스는 기원전 205년 집정관을 역임하였다. 그는 한니발 전쟁에 참전하였으며 기원전 183년에 사망하였다. 여기서 카토가 이야기하는 시점을 기준으로 33년 전에 크라수스는 사망하였으니, '최근'이라고 말할 수는 없을 것 같다.

연설을 가르쳐 줄 수는 있지 않겠는가. 배우려는 청년의 열정에 둘러싸인 노년보다 유쾌한 것이 무엇인가? **29** 청년들을 가르치고, 청년들에게 본을 보이고, 청년들을 의무에 따른 모든 과업으로 이끌어 갈 만큼의 체력이 노년에게 남아 있다고 우리는 보아야 하지 않겠는가? 실로 이런 일보다 빛나는 일은 무엇인가? 내가 보기에 그나이우스 스키피오와 푸블리우스 스키피오,[101] 그리고 자네의 두 조부, 루키우스 아이밀리우스[102]와 푸블리우스 아프리카누스[103]는 귀족 청년들의 배행을 받으며 행복해 보였다네. 그리고 철학을 가르치는 선생들도 행복하지 않을 것이라고 생각해서는 안 되는데, 늙어 체력은 시들고 고갈되었겠지만 말이네. 체력의 고갈도 대개 사실 청춘의 난행들 때문이지, 노년의 탓[104]

---

101 그나이우스 코르넬리우스 스키피오는 기원전 222년 집정관을 역임하였다. 아프리카누스의 아버지 푸블리우스 스키피오는 기원전 218년 집정관을 역임하였다. 두 형제는 제2차 카르타고 전쟁 당시에 수년 동안 히스파니아에서 전쟁을 수행하였으며, 기원전 211년 하스드루발에게 패하고 전사하였다.

102 현재 카토의 이야기를 듣고 있는 소(少)스키피오는 루키우스 아이밀리우스의 손자로서 스키피오 집안에 입양되었다. 루키우스 아이밀리우스는 기원전 219년과 216년에 집정관을 역임하였고, 칸나이 전투에서 한니발에게 패하고 전사하였다.

103 기원전 202년 자마 전투에서 한니발을 물리친 푸블리우스 코르넬리우스 스키피오 아프리카누스는 흔히 노(老)스키피오라고 하는데 소(少)스키피오를 입양한 이의 부친이다.

104 베르길리우스, 『아이네이스』 제5권 395행 이하는 노년 때문이라고 말한다. "노령에 붙들려 차갑게 혈기는 식고 육신의 기운도 바닥난 탓입니다. 한때 제게 있었으며 지금 저 사람을 안하무인 건방 떨게 하는 밑천, 젊음이 지금

은 아닌 것이, 욕정에 빠져 무절제했던 청춘은 노년에 기력이 고갈된 육신을 남겨두기 때문이라네. **30** 그러니까 크세노폰에 등장하는 퀴로스는 임종 직전에 이런 말을 했다는데, 자신은 아주 고령이지만, 결코 자신의 노년이 젊었을 때보다 약해졌다고 느끼지 않았다고 말했다네.[105] 나는 어린 시절 루키우스 메텔루스[106]를 보았는데, 그는 두 번째 집정관직을 역임한 4년 뒤에 최고 대사제로 뽑혔는데, 22년 동안이나 그 사제단을 이끌었고, 인생의 말년에 청춘을 아쉬워하지 않을 만큼 좋은 체력을 가지고 있었다고 기억하네.

나 자신은 어떤지 굳이 말이 필요하겠냐만, 그래도 노인이란 자기에 관해 떠벌리기 마련이고 우리 같은 나이에는 그 또한 양해되는 법이라네. **X 31** 자네들도 알다시피, 호메로스에서 네스토르가 얼마나 자주 자신의 탁월함을 드러내 말했던가? 그는 벌써 인간들의 세 번째 세대를 보고 있는 사람이었는데,[107] 그가 자

제게 있다면 값나가는 잘생긴 황소로 끌어내지 않더라도 나가겠죠."

105 크세노폰, 『퀴로스의 교육』 8, 7, 6에 전한다. 퀴로스 대왕은 기원전 6세기 중반에 페르시아 제국을 세운 인물로서 바빌론의 정복자, 유대인들의 해방자로 유명하다.

106 루키우스 카이킬리우스 메텔루스는 기원전 251년과 247년의 집정관을 역임하였다. 그는 기원전 243년에 최고 대사제로 선출되었다. 베스타 신전에 화재가 났을 때 신전에 모셔둔 팔라디움을 구해낸 공적을 인정받아 그의 동상이 카피톨리움 언덕에 세워지기도 했다.

107 호메로스, 『일리아스』 I. 250행 이하 "그는 신성한 퓔로스에서 이전에 자기

신의 탁월함을 대놓고 말한다고 해서, 그를 아주 무례하다거나 아주 말이 많다고 누가 말하지 않을까 걱정할 필요가 없었네. 사실 "그의 입에선 꿀보다 달콤한 말이 흘러나왔네"라고[108] 호메로스가 말하고 있는데, 이런 달콤함은 그의 노구(老軀)로도 충분하였지. 그래서 희랍군 사령관은 언제나, 아이아스 같은 장군 10명이 아니라, 네스토르 같은 장군 10명을 소망하였지. 만일 그렇게 된다면, 머지않아 트로이아가 폐허가 되었으리라 확신하였던 것이네.[109] **32** 그래서 내 자신에게로 말을 돌린다면, 나는 84번째 해를 보내고 있네.[110] 퀴로스가 자랑스럽게 떠벌리던 것과 똑같이 나도 그럴 수 있었으면 좋으련만! 하지만 내가 말할 수 있는 것은, 내가 카르타고 전쟁에서 일개 병사로 싸울 때의 힘이나, 혹은 같은 전쟁에서 재무관으로 싸울 때[111]의 힘이나, 혹은 집정관으로서 히스파니아에 있었을 때[112]의 힘이나, 혹은 그 후 4년 뒤에 군사대장으로서 집정관 마니우스 아킬리우스 글라브리오

와 함께 태어나서 자란 인간의 두 세대가 이미 시들어지는 것을 보았고 지금은 세 번째 세대를 다스리고 있었다."
108 호메로스, 『일리아스』 I 249행.
109 호메로스, 『일리아스』 II, 372행 이하 "아카이오이족 사이에 저와 같은 조언자가 열 명만 있다면 좋으련만! 그러면 프리아모스 왕의 도시도 머지않아 포로가 되고 폐허가 되어 우리의 손에 굴복하고 말 텐데."
110 이 대화편에서 카토는 현재 83세였다.
111 기원전 204년의 일이다.
112 기원전 195년의 일이다.

와 함께 테르모퓔라이에서 싸웠을 때[113]의 힘은 지금 내게 없지만, 그래도 자네들이 보다시피, 노년이 나의 힘을 완전히 고갈시키지도 파멸시키지도 않았다는 것이네. 나는 원로원 의사당을, 민회 연단을 멀리하지 않았고,[114] 동지들에게 소홀하지 않았고, 피호민들이나 손님들에게도 그러하였네. 그러니까 나는 저 칭송받는 옛 속담에 결코 동의하지 않네. '장수한 노인이고자 한다면 일찍부터 노인이 되어라'[115] 하는 속담 말일세. 하지만 장수한 노인이면 몰라도, 결코 노인이기 전부터 노인이기를 나는 소원하지 않았다네. 그리하여 누군가가 나를 만나고자 할 때, 그를 위해 시간을 내지 않은 경우는 없었네.

33 분명 자네들 누구와 비교해도 나는 자네들보다 힘이 없을 거네. 그래, 자네들도 백인대장 티투스 폰티우스의 힘을 가지진 못했지. 그렇지만 그렇다고 그가 자네들보다 탁월하던가? 부디 힘을 씀에 절도가 있을지니, 그런즉 각자 힘을 가진 만큼만 쓰

---

113 기원전 191년의 일이다. 집정관 글라브리오는 쉬리아의 왕 안티오코스와 테르모퓔라이에서 전투를 벌였는데, 카토가 이때 혁혁한 전공을 세웠다.

114 키케로, *Brutus* XX 80 "카토는 85세에 세상을 떠났는데, 사망하던 해에도 그는 민회에서 세르비우스 갈바를 탄핵하는 연설을 더없이 강력하게 행하였다. 그는 그때 행한 연설을 글로 적어 남겨놓기도 하였다."

115 널리 칭송받는 속담이라지만, 키케로의 『노(老)카토 노년론』 이외에 달리 이 속담은 발견되지 않는다. 장수하려거든 젊은 날부터 체력을 아끼고 절제하라고 권하는 속담으로 보인다. 여기서 카토는 이 속담을 다르게 해석하고 있는데, 아무 일도 하지 않고 쉬라는 권유로 해석한다.

라! 그렇게 하면 실로 힘에 커다란 아쉬움은 없을 것이네. 전하는 바에 따르면, 밀론은 올륌피아에서 어깨에 황소를 들쳐 업고 경주로를 따라 걸었다고 하네.[116] 육체가 보여준 이런 절륜한 힘과 피타고라스의 정신적 힘 가운데 어느 쪽을 자네는 가지길 원하는가? 따라서 정리하자면, 힘이 있다면 이를 선용할 일이로되, 힘이 없다고 아쉬워할 일은 아니라는 것이네. 혹여 청년들이 소년들을, 좀 더 나이 먹은 장년들이 청년들을 아쉬워할 수밖에 없다면 몰라도. 하지만 인생 여정은 분명한 고로, 자연이 내어준 길은 하나이며 그 길은 단순하다네. 인생의 각 부분마다 그 시기에 어울리는 특성이 있어, 소년들에게는 미숙함이, 청년들에게는 성급함이 속하네. 미혹됨이 없는 나이에는 진중함이, 노년에는 원숙함이 보이는데, 이것들은 알맞은 때가 되어야만 수확할 수 있는 어떤 자연적인 것이지.[117] **34** 스키피오, 자네 조부의 손님인 맛시닛사가 90살에 이른 요즘에도 어떻게 지내고 있는지

---

116 앞서 27절에서 언급된 크로톤의 밀론을 가리킨다. 크로톤은 피타고라스가 철학을 가르치던 곳이다.

117 디오게네스 라에르티오스, 『유명한 철학자들의 생애와 사상』 8, 10 "한편 그는(피타고라스) 인간의 생애를 다음과 같이 나누기도 한다. 소년이 20년, 청년이 20년, 장년이 20년, 노년이 20년. 그리고 이 연령대는 네 계절과 대칭을 이룬다. 즉, 소년은 봄, 청년은 여름, 장년은 가을, 노년은 겨울이다." 호라티우스, 『시학』, 176행 이하 "노년의 행보를 소년이, 장년의 행보를 유년이 행하지 않도록, 늘 나이와 격에 어울리는 모습을 지킬 겁니다."

자네가 듣고 있을 것이라고 나는 믿네.[118] 요즘도 그는 도보로 여행을 시작하면 절대로 말을 타지 않으며, 말을 타고 여행을 시작하면 결코 말에서 내리지 않는다 하네. 어떤 폭우에도, 어떤 추위에도 그는 머리에 무언가를 뒤집어쓰는 법이 없다고 하며, 몸의 더없는 짱짱함은 여전하고, 그리하여 제왕의 의무와 과업을 하나도 빠짐없이 수행하고 있다 하네. 그러므로 운동과 절제를 통해 노년도 과거의 강인함을 어느 정도 유지할 수 있는 것이지.

XI 그렇다면 노년은 힘이 없는가? 물론 노년에는 힘이 요구되는 일도 없다네. 그래서 우리 나이에 이르면 법과 관례에 따라 힘이 없으면 할 수 없는 일들[119]은 면제되는 법이고, 그래서 우리 노인들이 할 수 없는 일을 요구받는 경우가 없을뿐더러, 우리가 할 수 있는 만큼을 요구받는 일조차도 없다네. **35** 그래, 일체의 의무도 삶의 도리도 전혀 수행할 수 없을 정도로 유약한 노인들이 실로 많기는 하지. 하지만 그것은 절대로 노년에만 고유한 결함이 아니며, 병약함의 공통적 결함이라네. 아프리카누스의 아

---

118 맛시닛사는 누미디아의 왕으로 노(老)스키피오를 도와 카르타고에 맞서 자마에서 싸웠다. 이때 그의 기병이 세운 혁혁한 전공 덕분에 로마의 도움으로 누미디아 왕권을 굳건히 하였다. 맛시닛사는 기원전 148년에 90세의 나이로 사망하였다. 따라서 여기서 카토의 대화 시점이 기원전 150년이라고 할 때 맛시닛사의 나이는 88세였다.

119 예를 들어 17세부터 46세까지 모든 로마 시민은 병역의 의무를 부담해야 했다.

들, 자네의 양아버지 푸블리우스[120]는 얼마나 유약했으며, 얼마나 허약, 아니 병약했던가! 그렇지 않았다면, 그는 공동체의 또 다른 빛이 되었을 것인데, 그는 부친에게 물려받은 높은 긍지에 보태어, 남다른 높은 학식이 있었기 때문이지. 그렇다면 젊은이들도 이를 피할 수 없을진대, 노인이 쇠약하다는 것이 무에 놀랄 일인가?

라일리우스여, 스키피오여, 노년과 맞서 우리는 버텨내야 하네. 노년에 따른 결손을 열심히 벌충해야 하며, 질병에 맞서듯 노년에 맞서 싸워야 하네.[121] **36** 건강을 돌보아야 하며, 적당한 신체 단련을 계속해야 하네. 음식은 기력을 탕진하기 위해서가 아니라 기력을 보강할 만큼 섭취해야 하네.[122] 하지만 몸을 돌볼 뿐만 아니라, 정신과 영혼은 훨씬 더 신경 써야 하네. 정신과 영혼도, 등잔에 기름이 한 방울 한 방울 계속 떨어지지 않으면 불이 꺼지듯, 노년에 의해 꺼지기 때문이라네. 몸은 단련으로 지치고 무거워지겠지만, 정신은 스스로를 단련할 때 오히려 가벼

---

120   그는 아프리카누스의 큰아들이며, 아버지와 똑같이 푸블리우스 코르넬리우스 스키피오라고 불렸다. 그는 아마도 기원전 211년에 태어나, 기원전 170년까지 살았다. 기원전 180년 조점관으로 지명되었다.

121   데모크리토스 단편 296 DK(=302 정암) "노년은 몸 전체의 능력 상실이다. 모든 것들을 지니고 있지만, 모든 것에 부족함이 있다."

122   키케로, 『의무론』 I 30, 106 "따라서 육체의 섭생과 양육은 쾌락이 아니라 건강과 기력에 중점을 두어야 한다."

워진다네. 카이킬리우스의 말에 '희극의 어리석은 노인들'이라고 한 것, 이는 노인들이 덮어놓고 믿어버리고, 잘 잊어버리고, 조심성 없음을 가리킨다네.[123] 그런데 이런 결함은 노년 일반이 아니라, 게으르고 빈둥거리며 나른한 노년의 특징이라네. 예를 들어 불손함이나 방탕은 노인들보다는 청년들의 특징이라고 할 때, 그럼에도 이는 모든 청년이 아니라 방정하지 못한 청년들의 특징인 것처럼, 꼭 그처럼 흔히 망령[124]이라고 불리는 저런 노인성 어리석음은 모든 노인이 아니라 경솔한 노인들의 특징이지.

37 네 명의 장성한 아들들을, 다섯 명의 딸들을, 커다란 가문을, 수많은 피호민들을 아피우스는 거느렸다네.[125] 늙고 눈이 멀었지만 말일세. 그는 마치 활처럼 팽팽하게 정신을 유지하였으

---

123 키케로, 『라일리우스 우정론』 99 이하에 인용된 카이킬리우스 단편을 축약하여 인용한 것이다. "'오늘 나를 모든 희극의 어리석은 노인네들보다 크게 이리저리 끌고 다니더니 더없이 깔끔하게 나를 놀려먹는구나.' 이 인물은 연극에 등장하는 가운데서도 가장 어리석은 인물, 조심성 없고 덮어놓고 믿어버리는 노인네들 가운데 한 명이라네."

124 키케로, 『예언에 관하여』 II 90 "오, 믿을 수 없을 정도의 착란이여! 이런 오류는 그저 어리석음이라고 부르는 것으로 충분치 않으니 하는 말일세."

125 각주 62번을 보라. 아피우스 클라우디우스 카이쿠스는 로마 최초의 고속도로인 아피우스 대로와, 역시 로마 최초의 수도교인 아피우스 수도교를 건설하였다. 그는 말년에 시력을 잃어 '맹인 *Caecus*'이라는 별칭을 얻었다. 그는 아피우스 클라우디우스 루수스, 푸블리우스 클라우디우스 풀케르, 가이우스 클라우디우스 켄토, 티베리우스 클라우디우스 네로 등의 아들을 두었고, 혈통 귀족 가문인 클라우디우스 풀케르, 클라우디우스 켄토, 클라우디우스 네로 가문의 공통 조상이다.

며, 노년에 굴복하여 시들어버리지 않았지. 그는 위엄을 잃지 않았고, 나아가 가솔들에 대한 가부장권을 장악하고 있었다네. 하인들은 그를 무서워하였고, 자식들은 그를 어려워하였지만, 모두가 그를 극진히 모셨지. 그의 집안에서는 조상 대대로의 전통과 규율이 엄격하게 지켜졌다네. **38** 이렇게 만약 스스로 지켜내고, 스스로의 권리를 보존하고, 누구에게도 종속되지 않으며, 마지막 숨을 토할 때까지 가솔들을 다스리는 노년이라면, 그런 노년은 아름다운 것이지. 나는 노인의 것을 가진 청년만큼이나, 청년의 것을 가진 노년을 훌륭하다고 생각하네. 이를 추구하는 자는 육체적으로는 노인일 수 있겠지만, 정신적으로는 결코 노인일 수 없을 것이네.

나는 요즘 내 책 『로마 연원록 淵源錄 *Origines*』의 제7권을 붙잡고 있네.[126] 나는 고래의 모든 금석문을 수집하고 있으며, 대단한 소송 사건들에서 내가 변론하며 행하였던 연설들을 요즘 최대한으로 정리하고 있으며,[127] 조점관법과 대사제법과 시민법을

---

126 카토의 저서 『로마 연원록 *Origines*』은 전체 7권으로 이루어진 역사서다. 이탈리아 도시국가들의 기원과 역사를 다룬 제2권과 제3권 때문에 이런 제목을 붙인 것으로 보인다. 제1권은 왕정을 다루고 있고, 제4권과 제5권은 제1차와 제2차 카르타고 전쟁을 다루고 있다. 제6권과 제7권은 카토 시대까지의 역사를 다루고 있다.

127 키케로, *Brutus* XVII 65 이하 "그보다 칭송에서 진중한 사람은 누구인가? 비방에서 그보다 신랄한 사람은? 논의에서 그보다 정교한 사람은? 증거를

연구하고 있네. 희랍 문학까지 자주 접하고 있으며, 피타고라스 학파의 방법에 따라, 기억력을 훈련하기 위해서, 낮에 무엇을 말하고 듣고 행하였는지를 저녁에 되짚어보곤 한다네. 이는 지력의 훈련이며, 정신의 단련이라고나 할까. 이런 가운데 크게 땀을 흘리고 힘을 쓰지만, 육체적 힘을 엄청나게 요하지는 않는다네. 나는 친구들을 도우며, 원로원에 빈번히 찾아가지. 친구들과 원로원 양측에게[128] 나는 오랫동안 깊이 심사숙고한 사안들을 꺼내 놓는데, 이런 사안들은 육체의 힘이 아니라 영혼의 힘으로 살피는 법이라네. 그런 일을 직접 수행하지 못한다면, 평상에 누워, 내가 직접 수행할 수는 없지만, 그런 일을 심사숙고하는 것 자체만으로도 나는 즐거움을 느낄 것이네. 그런데 내가 이렇게 할 수 있도록 만들어 준 것은 지나온 삶이지. 늘 이런 열정과 수고 가운데 살아온 사람은 노년이 어느새 다가와 있는지 알지 못하는 법이니, 그렇게 인생은 부지불식간에 시나브로 시들어가며, 갑자기 무너지는 것이 아니라, 오랜 시간에 걸쳐 서서히 꺼져 간다네.

제시하고 설명하는 데 그보다 엄밀한 사람은? 지금까지 내가 찾고 읽은 그의 연설은 150편을 크게 넘어서는데, 대단한 언어와 논의로 가득하다. 연설가가 갖추어야 할 모든 덕이 그의 연설에서 발견된다."

128 사본에 '*ultroque*'도 보이는데, 이는 '자발적으로 먼저'라는 의미로 다른 누구의 요청을 받지 않았지만 먼저 나서서 의견을 제시하였다는 뜻으로 읽힌다(Powell 1988 참조).

XII 39 이어 사람들이 노년을 비방하는 세 번째 이유는 노년은 쾌락이 없다는 것이네. 그런데 이는 얼마나 대단한 노년의 선물 이란 말인가! 노년은 청년기의 더없이 크나큰 과오를 우리에게 서 없애주었네. 자네들 훌륭한 청년들이여, 타렌툼의 아르퀴타 스가[129] 행한 옛 연설을 들어보시게. 그는 더없이 위대하고 탁월 한 사내였는데, 내가 청년이었을 때 나는 퀸투스 막시무스와 함 께 타렌툼에서 그의 연설을 전해 들었지. 그는 자연에 의해 주어 진 것들 가운데 육체적 쾌락보다 인간에게 치명적인 역병은 없 으며, 탐욕스러운 욕정은 이런 쾌락을 마구잡이로 방탕하게 즐 기도록 인간을 부추기며, **40** 여기로부터 조국의 배신이, 여기로 부터 국가의 전복이, 여기로부터 적들과의 은밀한 내통이 생겨 난다고 하였네. 결국 모든 범죄가, 모든 악행이 쾌락의 욕정으로 부터 부추김을 받은 것이라 하였으며 실로 강간, 간통, 모든 그 런 추행은 다른 어떤 것이 아니라 쾌락이라는 미끼에 걸려든 것

---

129 아르퀴타스는 기원전 400년경에 살았던, 타렌툼 출신의 유명한 군인이자 정치가였다. 그는 피타고라스 철학을 추종하였으며 플라톤의 친구였다. 수학, 천문학, 철학에 조예가 깊었다. 호라티우스, 『서정시』 I 28, 1행 이하 "헤아릴 수 없는 바다와 땅과 모래를 헤아리던 당신은, 아르퀴타스여, 만 티눔 바닷가 티끌로 쌓인 작은 묘지에 들어 있다. 쓸데없었던 일, 죽을 운 명의 존재가 천문에 도전하고 둥근 천공을 머리로 측량했던 건." 키케로, 『라일리우스 우정론』 88 이하에 아르퀴타스가 "우주의 본성과 천문의 아름 다움"을 언급한 일화가 전해진다.

이라고도 하였다네. 인간에게 자연이 혹은 어떤 신이 더없이 탁월한 정신을 주었다고 할 때, 이런 신적 은사(恩賜)와 선물에 쾌락만큼 적대적인 것은 없다는 것이었네.[130] **41** 욕정이 지배할 때 절제의 자리는 없으며, 쾌락의 왕국에 덕은 설 자리가 없다고도 하였다네.[131] 아르퀴타스는 이를 좀 더 정확하게 파악하기 위해서, 우리가 생각할 수 있는 최고의 육체적 쾌락에 부추김을 받은 어떤 사람을 떠올려보라고 명하였다네. 아르퀴타스의 생각에 따르면, 이렇게 쾌락을 즐기는 내내 그 사람은 정신으로 실행하고 이성과 사유로 성취할 수 있는 일은 전혀 하지 못할 것임은 의심의 여지가 없이 분명하다고 하였다네. 따라서 만약 쾌락이 과도하고 지나치게 지속되면서 영혼의 모든 빛이 꺼져버린다면 쾌락보다 혐오스러운 것이 없으며, 쾌락보다 해로운 것이 없다고 하였다네. 이런 이야기를 로마 인민과의 우의를 변함없이 지켜낸[132]

---

130 키케로, 『스토아철학의 역설』 I 14 "신, 혹은 말하자면 만물의 어머니 자연이 가장 뛰어나고 가장 신적인 것인 영혼을 당신에게 부여했음에도 불구하고, 당신은 자신과 네발 달린 짐승 사이에 아무런 차이도 없다고 생각할 만큼 그토록 자신을 비하하고 천하게 만들 것입니까?"

131 키케로, 『투스쿨룸 대화』 IV 9, 22 "그런데 스토아학파는 모든 격정의 원천을 무절제라고 말합니다. 여기서 무절제란 정신 전체가 이성의 지시에 등을 돌린, 올바른 이성이 결여한 상태로, 영혼의 충동을 지배하지도 제한하지도 못하는 지경을 가리킵니다. 따라서 절제가 충동을 가라앉히고 충동이 올바른 이성에 복종하도록 만들어 정신의 신중한 판단을 보존한다고 할 때, 이에 적대적인 무절제는 영혼의 전체를 자극하여 흔들며 불타오르게 만듭니다."

우리의 손님, 타렌툼의 네아르코스는[133] 자신이 어른들로부터 전해 들었다고 하였는데, 이는 가이우스 폰티우스, 그러니까 카우디움 전투에서 집정관 스푸리우스 포스투미우스[134]와 집정관 티투스 베투리우스[135]를 무찌른 삼니움 사람의 부친이[136] 아르퀴타스와 나눈 대화라고 하더군. 이 대화에 아테나이 사람 플라톤도 함께 하였다던데, 나는 플라톤이 루키우스 카밀루스와 아피우스 클라우디우스가 집정관일 때[137] 타렌툼을 방문하였음을 확인하였지.[138]

132 제2차 카르타고 전쟁 당시 기원전 212년 타렌툼은 로마에 반기를 든 사람들에 의해 한니발에게 가담하게 되었다.
133 네아르코스는 타렌툼 사람으로 피타고라스학파의 철학자였으며, 카토는 타렌툼에 머무는 동안 그에게서 피타고라스의 철학을 배웠다.
134 스푸리우스 포스투미우스 알비누스 카우디누스는 기원전 334년과 321년의 집정관이다.
135 티투스 베투리우스 칼비누스는 포스투미우스 알비누스 카우디누스와 함께 기원전 334년과 321년의 집정관이었다. 카우디움 전투 직후에 독재관으로 지명되었다.
136 가이우스 헤렌니우스 폰티우스는 가이우스 폰티우스의 아버지로 제2차 삼니움 전쟁에서 로마인들을 여러 차례 이긴 사람이며, 기원전 321년 삼니움의 카우디움에 거둔 승전은 유명하다. 리비우스(9, 1과 9, 3)는 그를 헤렌니우스 폰티우스라고 부르며 그의 현명함을 언급하였다.
137 기원전 349년이며, 플라톤이 사망하기 2년 전의 일이다. 플라톤이 시킬리아와 타렌툼을 방문하였으며, 여기서 아르퀴타스와 교류하였다는 다수의 증언이 존재한다. 기원전 361년의 시킬리아 방문 이후 사망하기 2년 전에 다시 타렌툼을 방문했다는 것은 키케로의 착각으로 보인다.
138 카토는 『연대기』를 통해 이를 확인한 것으로 보인다.

42 그런데 이는 무엇 때문인가? 자네들에게 알려주려는 것인데, 우리가 이성과 지혜로 쾌락을 물리칠 수 없을 때, 노년은 우리가 해서는 안 될 일을 추구하지 않게 해주었으니, 노년에게 커다란 감사의 마음을 가져야 한다는 것을 알아야 하네. 쾌락은 사리분별의 훼방꾼이며, 이성의 원수이며, 정신의 눈을 가린 소위 눈가리개인바, 쾌락은 덕과 아무런 왕래가 없는 것이라네. 어쩔 수 없이 나는 더없이 용맹한 사내 티투스 플라미니누스의 형 루키우스 플라미니누스[139]를 원로원 명부에서 삭제하였다네.[140] 그가 집정관을 역임한 지 7년 뒤였지만,[141] 그래도 나는 그의 욕정을 폄척(貶斥)하지 않을 수 없다고 생각했던 것이네. 그가 집정관으로서 갈리아 속주에 있었을 때, 식사 자리에서 창부의 간청에 못 이겨, 극형을 선고 받고 감옥에 붙잡혀 있던 사람들 가운데 한 명을 처형하도록 하였다네. 이때 그의 동생 티투스가 호구감찰관이었기 때문에[142] 징계를 면하였지만, 나는 그의 바로 다음 후임자였는데, 나와 플라쿠스[143]가 호구감찰관이 되면서 결단

---

139 루키우스 퀸크티우스 플라미니누스는 기원전 192년 집정관을 역임하였고, 갈리아 속주에 부임하여 보이이족과의 전쟁을 수행하였다.
140 호구감찰관은 원로원 의원들의 명부를 작성하고, 재산이나 비행(非行)을 평가하여 하자가 있는 의원을 명부에서 삭제하는 권한을 가졌다.
141 카토가 호구감찰관이 된 것은 기원전 184년이다.
142 티투스 플라미니누스는 기원전 189년에 호구감찰관으로 선출되었다. 흔히 호구감찰관은 4년마다 선출되었다.

코 그처럼 수치스럽고 참담한 욕정을 용인할 수 없었지. 그의 욕정이 사적 비행(非行)과 야합하여 통치권 남용을 야기하였기 때문이었네.

XIII 43 나는 종종 어른들로부터 들었는데, 그분들도 오래전 소년이었을 때 노인들에게서 들었다고 말씀하셨던 것으로, 가이우스 파브리키우스는 퓌로스 왕[144]을 사절로 방문하였을 때,[145] 테살리아 사람 키네아스[146]의 이야기에 경악을 금치 못하였다고 하네. 키네아스의 말에 따르면 아테나이에 현자를 자처하는 어떤 사람[147]이 있는데, 그는 우리가 행하는 모든 것은 쾌락에 준거해야 한다는 견해를 펼친다고 하였네. 파브리키우스[148]의 말

---

143 루키우스 발레리우스 플라쿠스는 기원전 195년에 카토와 집정관을 함께 역임하였고, 184년에는 호구감찰관을 함께 역임하였다.

144 퓌로스는 기원전 295년 에페이로스의 왕이 되었고, 타렌툼 사람들의 요청에 따라 이탈리아를 침공하여 로마에 대항하던 타렌툼을 도왔다. 기원전 280년 헤라클레아에서 로마에 대해 승리를 거두었다. 기원전 276년 베네벤툼에서 패한 이후 이탈리아를 떠났다.

145 가이우스 파브리키우스는 기원전 280/279년에 퓌로스 왕을 사절로 방문하였다.

146 키네아스는 테살리아 사람으로 퓌로스 왕의 수석 보좌관이었다. 키네아스는 데모스테네스의 제자로 연설에 탁월한 재능을 보였다.

147 키케로, 『최고선악론』 II 3, 7 참조. 에피쿠로스는 기원전 341년에 태어나 기원전 270년 아테나이에서 사망하였다. 기원전 306년경부터 아테나이에서 그의 철학을 가르쳤다.

148 각주 61번을 보라.

을 들으면서 마니우스 쿠리우스와 티베리우스 코롱카니우스[149]는 삼니움 사람들과 퓌로스[150] 자신도 그 견해를 받아들였으면 좋겠고, 그리하여 그들이 쾌락에 빠진다면 그만큼 더 손쉽게 그들을 물리칠 수 있을 것이라는 소망을 내비쳤다고 하네. 마니우스 쿠리우스는 푸블리우스 데키우스와 가까운 사이였는데, 데키우스는 네 번째 집정관직을 수행하던 때에 국가를 위해 목숨을 바쳤고,[151] 그것은 쿠리우스가 집정관이 되기 5년 전이었지. 파브리키우스도 데키우스를 본받았고, 코롱카니우스도 그를 본받았지. 그들은 그들 자신의 삶을 토대로, 특히 내가 언급한 데키우스의 행동을 토대로, 그 자체로 추구될 것이 있다고 판단하였는바, 훌륭한 사람이라면 쾌락을 가볍게 여겨 물리치고 극진히 따를 것이, 무언가 본성적으로 훌륭하고 탁월한 것이 있다고 생각하였던 것이네.

44 그런데 쾌락을 두고 이렇게까지 장황할 필요가 있겠는가?

149 앞의 15절 이하를 보라.
150 퓌로스는 로마에 맞서기 위해 삼니움 사람들과 연합하였다.
151 푸블리우스 데키우스는 기원전 312년, 308년, 297년 집정관을 역임하였고, 기원전 295년 파비우스 막시무스와 함께 집정관으로 삼니움 전쟁을 수행하였고, 이때 센티눔 전투에서 사망하였다. 이 데키우스의 아버지도 기원전 340년 용맹하게 국가를 위해 목숨을 바쳤고, 이 데키우스의 아들도 기원전 279년 퓌로스 전쟁에서 목숨을 바쳤다. 『투스쿨룸 대화』 I 37, 89 "아버지 데키우스는 라티움족과 싸우며, 아들은 에트루리아인들과 싸우며, 손자는 퓌로스와 싸우며 적진을 향해 몸을 던지지 못했을 것이며……."

노년이 어떤 쾌락도 크게 요하지 않는다는 점은 불평할 일이 아니라, 오히려 노년을 아주 크게 칭송할 일이기 때문이네. 노년에는 잔치도 없어지고, 잘 차려진 연회도 없어지고 빈번한 술자리도 없어지지. 따라서 덕분에 술주정도 소화불량도 불면도 없어진다네. 하지만 만약 쾌락을 어느 정도 인정할 수밖에 없다면 ─ 사실 쾌락의 유혹을 뿌리치는 것은 우리에게 쉽지 않은 일이고, 플라톤이 놀랍게도 쾌락을 악의 미끼[152]라고 불렀으니 인간은 쾌락에 낚여버린 물고기와 다르지 않기 때문인데 ─ 흥청망청 무절제한 잔치는 몰라도 노년에 절제된 회식은 즐길 수도 있겠지. 마르쿠스의 아들 가이우스 두일리우스[153]는 카르타고 사람들을 최초로 해전에서 무찌른 사람인데, 그가 노인이 되어 저녁식사를 마치고 귀가하는 것을 나는 어린 시절 종종 보았지.[154] 그는 초롱을 든 길잡이와 악공(樂工)의 배웅에 즐거워하였는데, 그것은 그때까지 사인(私人)에게는 전례가 없던 일이었네만, 그의 위업이 그 정도의 특권은 가능케 하였던 것이네.[155]

---

152 플라톤, 『티마이오스』 69d 'ἡδονὴν μέγιστον κακοῦ δέλεαρ.'
153 가이우스 두일리우스는 제1차 카르타고 전쟁 당시인 기원전 260년 함대를 이끌고 시킬리아 뮐라이에서 카르타고 해군을 물리쳤다. 그의 승전 기념비가 로마광장 연단 근처에 세워졌다.
154 두일리우스는 기원전 220년에 사망하였고, 이때 카토는 14살이었을 것이기 때문에 불가능한 일은 아니다.
155 Florus I 18, 10 이하를 보면, 두일리우스는 단 하루의 승전 기념식이 아니

45 어찌 남들을 말하겠는가? 내 자신을 이야기해보겠네. 우선 나는 늘 교우(敎友)들이 있었네. 내가 재무관이었을 때, 이다 산의 대모신(大母神) 신앙[156]이 들어오면서 교우회가 결성되었다네. 그리하여 나는 교우들과 저녁을 하였는데, 언제나 적정선에서 절제하였다네. 물론 젊음의 열기는 있었지만, 모든 것이 시간과 함께 날이 가면서 차츰 진정되었다네. 회식 자체의 유쾌함을 육체적 쾌락보다는 친구들과의 만남과 대화로 나는 평가하였지. 우리 선조들은 친구들과의 저녁 식사 자리를 '삶의 화합'이라는 뜻에서 '회식'이라고 불렀던 것이네. 이는 희랍사람들이 주연(酒宴)이나 만찬(晚餐)이라고 부른 것보다 적절한데, 희랍인들은 이와 관련하여 제일 작은 것을 제일 크게 평가한 것으로 보이네.[157]

XIV 46 실로 나는 대화의 유쾌함 때문에 '이른 회식'[158]도 즐기는데, 이제 거의 얼마 남지 않은 내 동년배들과의 대화도 좋지만, 자네들 또래의 친구들 그리고 특히 자네들과의 대화를 나는 좋

라, 마치 평생 매일 저녁 승리의 개선식을 거행하는 듯한 모습으로 귀가하였다.

156 대모신 혹은 퀴벨레 혹은 레아를 모시는 신앙의 흔적은 크레타 섬의 이다 산에서 최초로 확인된다. 카토가 재무관이던 기원전 204년에 퀴벨레 신앙이 로마에 소개되었으며, 팔라티움 언덕에 자리한 승리의 여신 신전에 퀴벨레 신상이 모셔졌다. 퀴벨레를 모시는 축제는 매년 4월에 개최되었다.

157 희랍인들의 용어 'συμπόσιον'과 'σύνδειπνον'은 용어상 '함께 술 마신다'와 '함께 음식을 먹는다'는 뜻으로 '술' 혹은 '음식'을 강조하고 있다.

158 보통의 회식보다 이른 시간에 시작하여 밤늦게까지 이어진다.

아한다네. 그래서 나는 노년을 대단히 고맙게 여기는데, 노년은 나에게 대화의 욕심을 늘려놓았고, 술과 음식의 욕심을 없애주었기 때문이네. 물론 먹고 마시는 일이 어떤 노인을 즐겁게 한다고 할 때 — 아마도 쾌락은 어떤 자연적인 적정성[159]을 가졌을 터이고, 그런 쾌락에 내가 전쟁을 선포한 것으로 여겨지지 않게 말해보자면 — 노년이 그런 쾌락 자체를 즐기지 못한다고는 생각하지 않네. 실로 나로 말하자면, 선조들이 안착시킨 주연의 제왕도,[160] 그리고 조상들의 전례에 따라 윗좌석부터[161] 술잔을 들어 시작하는 연설도, 그리고 크세노폰의 『향연』에서 그러했던 방울방울 떨어지는 작은 술잔도, 그리고 여름날의 서늘함과 겨울날의 양지와 모닥불도 여전히 나를 즐겁게 한다네. 나는 사비눔 땅[162]에 머물면서 아직도 이것들을 추구하고 있으며, 매일의 회식은 이웃들

159 『아카데미아 학파』 초판 2권 44, 135 "(소요학파와 아카데미아학파는) 저 감정들이 자연에 의해서 유용하게 우리의 마음에 주어진 것이라고 주장했습니다."

160 희랍에서 들어온 술자리 방식으로 주연의 제왕을 뽑아 그의 제안에 따라 술과 음식, 대화 주제 등이 결정된다. 호라티우스, 『서정시』 I 4, 16행 이하 "게로 떠나면 당신은 다시는 술자리의 제왕으로 뽑히지도 어린 뤼키다스를 경탄치도 못할 것."

161 연회석을 배치할 때 흔히 세 개의 3인용 평상을 ㄷ자로 배치할 때 주인이 누운 좌석은 '아랫좌석 *lectus imus*', 중요한 손님이 누운 좌석을 '중앙 좌석 *lectus medius*', 나머지 손님들이 누운 좌석을 '윗좌석 *lectus summus*'이라고 불렀다.

162 투스쿨룸 별장을 가리킨다.

로 넘치며, 우리가 할 수 있는 아주 다양한 주제의 대화를 늦은 밤까지 나누고 있다네.[163]

47 '하지만 노인들에게 쾌락들의, 말하자면, 간지러움[164]은 크지 않다.' 맞는 말이라고 생각하지만, 사실 그것이 필요하지도 않다네. 필요하지 않으니 불편할 것도 없지. 나이가 지긋한 소포클레스에게 어떤 사람이 성생활을 즐기시냐고 물었을 때, 그는 대답하였다네.[165] "전혀 아닐세. 나는 마치 거칠고 사나운 주인에게서 도망친 것처럼 그것들에서 벗어나 기쁘기 그지없소." 그런 일들을 욕망하는 사람들에게 결여는 아마도 혐오스럽고 힘겨운 일이겠고, 물리도록 채운 사람들에게는 충족보다 결여가 좀

---

163 호라티우스, 『대화』 II 6, 65행 이하 "신들의 밤과 저녁 식사여! 그걸 나와 내 친구들이 내 집 화덕 앞에서 먹으며 퉁명스러운 종들을 먹고 남긴 음식으로 먹입니다. 각자 원하는 만큼 손님 각각이 다른 크기의 잔을 비우되, 되지 않은 규율은 버리고, 용감한 자는 독주 잔을 잡거나 적당한 잔으로 좀 더 부드럽게 취하거나. 따라서 논의가 시작됩니다. 다른 이의 집, 저택은 말고, 레포스가 잘 추네 마네 말고, 우리에게 훨씬 더 어울리는 걸, 모르면 안 좋을 걸. 둘 중에 하나 부가 사람을 행복하게 하는가 아님 덕인가? 이익 아님 올곧음이 우릴 우정으로 이끄는가? 선의 본성은 무엇이며 선의 최고는 무엇인가?"

164 키케로, 『신들의 본성에 관하여』 I 40, 113 "물론 당신들은 이런 쾌락들을 하찮은 부류로 여기십니다. 이것들로 해서 감각에 간지러움 — 이 단어는 에피쿠로스의 것입니다만 — 만 주어진다는 것이지요." 『투스쿨룸 대화』 III 20, 47 "감각이 쾌락으로 간지럽히지 않으면 누구도 선을 생각하지 못한다."

165 플라톤, 『국가』 329b 이하.

더 즐거운 일이겠지. 하지만 필요로 하지 않는 사람은 결여 자체가 없으니, 따라서 나는 말하노니, 필요로 하지 않음이 더욱더 큰 즐거움이겠네.[166] **48** 한창때는 그런 쾌락 자체를 좀 더 자유분방하게 즐기겠지만, 우선 그것은 우리 앞서 말한 대로 작디작은 쾌락일 뿐이고, 나아가 노년은 비록 이를 실컷 즐기지는 못하겠지만, 그렇다고 아예 없는 것도 아니네. 예를 들어 극장[167] 맨 앞줄에서 구경하는 사람은 투르피오 암비비우스[168]를 좀 더 넘치게 즐기고, 맨 뒷줄에서 구경하는 사람도 그럼에도 즐기는 것처럼,[169] 가까이서 뚫어져라 쳐다보는 청년은 쾌락을 아마도 좀 더 강렬하게 즐기겠지만, 아주 멀리서 관람하는 노년도 충분할 정도로는 즐긴다네.

166 키케로가 다른 곳에서 언급한 것처럼, 결핍을 기꺼이 받아들일 때에는 '결여'라는 말을 쓸 수 없다. 키케로, 『투스쿨룸 대화』 I 36, 88 "'결여하다'는 '갖고 싶은 것을 갖지 못하다'를 의미합니다. '결여하다'에는 '원하다'가 담겼습니다. 물론 이 단어를 다른 용례에서처럼 '열병'과 연결할 때를 제외하고 말인데, 이 경우 '결여하다'는 전혀 다르게 사용된 것으로, 어떤 사람이 무언가를 갖고 있지 않으며 동시에 자신이 그것을 갖지 않음을 느끼지만, 이 결핍을 기꺼이 받아들일 때입니다."

167 원문 'cavea'는 극장 전체를 가리킨다. 키케로, 『라일리우스』 24 "나의 빈객이자 친구인 마르쿠스 파쿠비우스가 새로운 극을 공연하였을 때, 어떠한 환호성이 최근 극장 전체를 가득 채웠는가!"

168 루키우스 암비비우스 투르피오는 카토와 비슷한 시기에 살았던 아주 유명한 배우이자 연출가였다. 그의 극단은 주로 테렌티우스의 희극을 공연하였다.

169 키케로는 상설 극장을 전제로 객석의 구분을 언급하고 있는데, 사실 카토 시대에 이런 상설 극장은 없었다.

49 그런데 욕정, 출세, 경쟁, 대결 등 온갖 욕망의 복무를 마치고 나서 스스로에 머물고,[170] 흔히 말해지듯이, 자기 자신과 함께 살아간다는[171] 것은 노년의 영혼에게 얼마나 대단한 일인가! 그리하여 노년의 영혼이 학문과 탐구라는 양식을 얻게 된다면, 욕망의 복무에서 자유로운 노년보다 즐거운 것은 없을 것이네. 우리는, 스키피오, 자네 부친[172]의 친구 가이우스 갈루스[173]가 대

---

170   키케로, 『투스쿨룸 대화』 I 19, 44 "우리는 육체의 열망으로 인해 흔히 온갖 욕망으로 끓어오르곤 하며, 우리가 갖고 싶은 것을 가진 이들에 대한 시샘으로 더욱 불타는 상황에 놓이곤 하는데, 만약 우리가 육체를 벗어나 욕망과 시샘에서 놓여난다면 참으로 우리는 행복해질 겁니다. 그리고 이런 육체적 근심에서 벗어나면 우리가 지금 하는 일, 무언가를 고찰하고 관찰하려는 일을 우리는 훨씬 더 자유롭게 행할 것이며, 사태를 관조하고 인식하는 데 전념할 겁니다." I 30, 74 "그리하여 철학자의 삶 전부는 소크라테스의 말처럼 죽음의 연습입니다. 쾌락에서, 다시 말해 육체에서, 육체를 시중 들고 받드는 가산(家産)에서, 국사에서, 모든 업무에서 영혼을 떼어놓을 때, 내 말하노니, 이는 **영혼을 본래 모습으로 되돌리며 스스로에 머물러** 최대한 육체로부터 분리하는 일이 아니고 달리 무엇이겠습니까? 그런데 영혼을 육체로부터 떼어내는 일은 다른 무엇이 아니라 바로 죽음을 배우는 일입니다."

171   키케로, 『투스쿨룸 대화』 I 31, 75 "이렇게 해서 지상에 살고 있을 때도 천상의 삶을 흉내 낼 것이며, 육체의 감옥에서 벗어나 그리로 갈 때 영혼의 행로는 덜 지체될 겁니다. 육체의 사슬에 늘 매여 있던 사람은 풀려났을 때조차도 더디게 움직일 것인데, 수년간 쇠사슬에 매여 있던 사람과 유사합니다. 마침내 천상에 이르렀을 때 우리는 **비로소 삶을 살게 될** 겁니다."

172   스키피오의 생부 아이밀리우스 파울루스를 가리킨다. 그는 168년 재선 집정관으로 제3차 마케도니아 전쟁(기원전 171~168년)에 참전하였다.

173   가이우스 술키피우스 갈루스는 기원전 166년의 집정관을 역임하였다. 그

지는 물론이고 흡사 하늘을 측량하려는 듯한 열정 가운데 평생
을 살아가는 것을 보았네. 밤에 무언가를 작도(作圖)하기 시작한
그를 엄습한 아침들은 무릇 그 얼마였으며, 아침 일찍 일을 시
작한 그를 덮친 밤들은 무릇 그 얼마였던가! 일어나기 훨씬 전에
일식과 월식을 우리에게 예언하는 일에 그는 얼마나 크게 기뻐
하였던가! **50** 이에 비해 비교적 가벼우면서도, 그래도 통찰력을
보여주는 학문들은 어떠한가? 나이비우스는 『카르타고 전쟁』[174]
에 얼마나 즐거워하였으며, 플라우투스[175]는 『무뢰배』에 얼마나
즐거워하였으며, 『모리배』에 얼마나 즐거워하였던가? 나는 또한
리비우스[176]를 그가 노인이었을 때 보았는데, 그는 내가 태어나
기 6년 전, 그러니까 켄토와 투디타누스가 집정관을 지낼 때[177]

는 로마 최초로 천문학을 탐구한 사람으로 기원전 168년의 월식을 예언하
였다.

174 제1차 카르타고 전쟁을 다룬 서사시다.

175 티투스 마키우스 플라우투스는 기원전 254년에 움브리아의 사르시나에서
태어났고, 기원전 184년에 사망하였다. 그는 로마 초창기 극작가로 대략
130편의 희곡을 남겼다고 하는데, 오늘날 이 가운데 21편만이 그의 작품으
로 간주된다. 희랍 희극을 모방한 것이 대부분이다.

176 리비우스 안드로니쿠스는 타렌툼 출생의 희랍인으로 포로 신세로 로마에
왔고, 곧 마르쿠스 리비우스 살리나토르의 노예가 되었다. 해방되어 희랍
어와 라티움어를 가르쳤고, 기원전 240년에는 『오뒷세이아』를 번안한 『오
두시아』를 공연하였고, 희극과 비극을 라티움어로 공연하였다. 기원전 207
년에서 기원전 200년 사이에 사망하였다.

177 가이우스 클라우디우스 켄토는 아피우스 클라우디우스 카이쿠스의 아들이
다. 그는 마르쿠스 셈프로니우스 투디타누스와 함께 기원전 240년의 집정

그의 작품을 공연하였고 내가 청년이 될 때까지 그는 살아 있었다네. 푸블리우스 리키니우스 크라수스[178]가 보여준 대사제법과 시민법의 연구는 말해 무엇하겠는가? 혹은 며칠 전에 최고 대사제로 선출된 현직 최고 대사제 푸블리우스 스키피오[179]의 연구는 말해 무엇하겠는가? 내가 열거한 이 분들이 모두 노년에 이르러 이런 열정들로 불타오르는 것을 나는 보았다네. 그런데 엔니우스가 정당하게 '설득의 정수'라고 한 마르쿠스 케테구스[180]가 노년에 이르러서도 여전히 연설을 열심히 훈련하는 것을 나는 보곤 하였다네! 이런 쾌락들에, 연회가 주는, 혹은 축제가 주는, 혹은 창부가 주는 어떤 쾌락을 견줄 수 있겠는가? 따라서 실로 이런 열정들은[181] 현명하고 잘 교육받은 사람들에게서 나이가 들어가면서 나란히 성장하기 마련이니, 앞서 언급한 바와 같이,[182] 자

관직을 역임하였다.

178 앞의 27절을 보라. 크라수스는 기원전 213년 혹은 212년부터 기원전 183년까지 최고 대사제를 역임하였다.

179 푸블리우스 스키피오 나시카 코르쿨룸은 기원전 150년에 최고 대사제로 선출되었다.

180 키케로에 따르면 마르쿠스 코르넬리우스 케테구스는 로마 최고의 연설가였다. 그는 기원전 204년 집정관을 역임하였고, 한니발의 동생 마고를 알프스 이쪽 갈리아에서 무찔렀다.

181 우리는 Powell(1988)의 제안을 받아들였다. 전승 사본을 따르면, '현명하고 잘 교육받은 사람들에게서 나이와 함께 나란히 성장하는 그런 학문적 열정은 이런 것들이다'라고 번역해야 한다. 'haec'은 앞서 'his studiis' 내지 내용적으로 'his voluptatibus'를 가리킨다.

신은 날마다 무언가를 새롭게 배워가며 늙어간다고 운문 시행으로 말한 솔론의 저 말이야말로 훌륭하다 하겠네. 영혼의 쾌락보다 큰 쾌락은 결단코 있을 수 없지.

XV 51 이제 나는 요즘 내가 믿을 수 없을 만큼 크게 즐기고 있는 농부의 쾌락을 이야기해볼 텐데, 이 쾌락은 결코 노년에게 막혀 있지 않고, 현자의 삶에 더없이 가까이 다가서 있는 쾌락이라고 나는 생각하네. 이 쾌락은 대지와의 거래를 통해서 얻는 것으로, 대지는 결코 지불 명령을[183] 거역하지 않을뿐더러, 지불 명령을 받으면 반드시 이자를 붙여서 돌려주는데, 어떤 때는 수익이 적지만, 대부분은 상당한 수익을 보태어 돌려준다네. 그런데 물론 수확만이 나를 기쁘게 하는 것은 아니고, 다른 무엇보다 대지의 힘과 본성에 나는 즐거움을 느낀다네. 갈아엎어 곱게 부서진 흙의 품속에 뿌려진 씨앗을 대지는 받아들여, 우선 '씨앗을 고이 품어 숨기며 *occaecatum*' — 그래서 이런 작업을 '흙덮기 *occatio*'라고 하게 되었네 — 이어 그 열기와 포옹으로 따뜻하게 품어 씨앗을 발아시키며, 씨앗으로부터 푸른 새싹을 틔워내지. 새싹은 줄기에서 뻗어나간 가는 뿌리에 기대어 성장하고, 이제 마치 어른처럼 성숙하면 잎사귀들로 싸인 마디진 이삭이 생겨 나오지. 그

---

182 앞의 26절을 보라.
183 Paulus Manutius는 '*impendium*'이라고 추정하였다.

리고 이삭이 패어 잎사귀들을 가르고 밖으로 나오고, 이후 줄줄이 엉글어 알곡이 매달리게 되지. 낱알들은 작은 새들이 쪼아 먹지 못하도록 까끄라기로 방벽을 두르고 있네.

52 포도나무의 발아, 재배와 생육은 말해 무엇하겠는가? 그 즐거움은 이루 다 말할 수 없네. 내 노년의 휴식과 위안임을 자네들은 알아주게나. 대지로부터 자라나는 모든 것의 생명력 자체는 거론하지 않겠네. 무화과의 작은 씨앗으로부터, 혹은 포도알 속의 씨알로부터, 혹은 여타 과실수들과 나무들의 작디작은 종자로부터 그렇게 큰 줄기와 가지를 자라나게 하는 생명력은 그만두고라도, 꺾꽂이, 접목, 가지치기, 포기 나눔, 휘묻이 등은 누구인들 경탄하며 즐거워하지 않겠는가? 그런데 포도나무는 본성적으로 곧게 서지 못하여 지지대를 받쳐주지 않으면 땅바닥으로 퍼지게 되고, 또한 마치 사람 손과 같은 넝쿨손으로 무엇이든 잡히는 것들을 타고 높이 올라가기도 한다네.[184] 그리하여 포도나무는 여러 갈래로 갈라져 사방으로 넝쿨져 기어오르는데, 이를 전지용 칼로 쳐주어 가지들이 숲을 이루고 천지사방으로 과도하게 뻗치는 것을 막는 것이 농부들의 기술[185]이지. **53** 그

---

184 크세노폰, 『경영론』 19, 18 이하 "포도 덩쿨은 가까이에 나무가 있으면 그 나무 위를 기어 올라갑니다. 따라서 우리는 포도 넝쿨에 지지대가 필요하다는 사실을 배우게 되는 것입니다."

185 키케로, 『최고선악론』 V 14, 39 "농부들의 지식과 기술은 가지를 잘라주고

리하여 봄이 시작되면 남겨진 가지들에서, 마치 그 손가락 같은 곳에서 움이라고 불리는 것이 불거지네. 움에서 시작하여 포도송이가 자라나게 되는데, 포도송이는 대지의 수액과 태양의 열기로 성장하며, 처음에는 맛이 떫지만, 무르익으면서 단맛이 강해지며, 잎사귀에 싸여 적당한 온기를 잃지 않으며, 땡볕의 지나친 고온을 피한다네. 이보다 풍요로운 결실이, 이보다 아름다운 장관이 또 있을 수 있을까? 앞서 말했듯이 나를 즐겁게 하는 것은 포도나무의 유용성만이 아니라, 포도나무의 본성과 재배인데, 지지대의 정연한 배치, 포도나무 밑동의 지지대 얽기, 포도나무 묶기와 삽목하기, 앞서 말했던 일부 가지들의 솎아내기, 일부 가지들은 남겨두기 등이네. 관개 수로, 토지를 훨씬 더 비옥하게 하는 밭매기와 이듬하기는 말해 무엇하겠는가? 또 퇴비주기의 유용성을 말해 무엇하겠는가? **54** 나는 농업을 논한 책에서 이를 다루었네.[186] 박식한 헤시오도스는 농업론[187]을 집필하면서도 퇴비주기의 유용성은 단 한마디도 하지 않았지. 하지만 호메로스는 ― 그는 내가 보기에 몇 세기나 앞선 사람인데도[188] ― 라

처주고 세워주고 받쳐주고 지지해주는 것인바, 본성이 가려는 곳으로 가게 하는 것이다. 예를 들어 포도나무는, 포도나무가 말할 수 있다면 자신을 그와 같이 보살피고 지켜주어야 한다고 말할 것이다."

186 카토는 『농업론』에서 퇴비 주는 다양한 방법을 다루고 있다.
187 헤시오도스의 『일들과 날들』을 보라.

에르테스가 아들에 대한 그리움을 달래면서 농지를 돌볼 때 거름을 주도록 하였지.[189] 경작지와 목초지와 포도밭과 조림지로 농업은 즐거울 뿐만 아니라, 텃밭과 과수원도 그러하네. 특히 번식하는 가축들, 무리를 이룬 벌들, 다채로운 온갖 꽃들이 그러하며, 농업이 찾아낸 것 가운데 가장 놀라운 신기(神技)라고 할 가지꽂이와 접목하기[190]도 우리를 즐겁게 한다네.

XVI 55 나는 농업의 쏠쏠한 재미를 아주 많이 열거할 수도 있지만, 내가 말한 것만으로도 이미 너무 길었다 생각하네. 자네들은 용서하시게나. 나는 농업의 열정에 푹 빠져 버렸거니와, — 노년은 결함이 전혀 없다고 내가 생각하는 것으로 보이지 않도록 말하자면 — 본성적으로 노년은 좀 수다스럽긴 하기 때문일세. 그렇기에 마니우스 쿠리우스[191]는 삼니움 사람들과 싸워서

---

188 Powell(1988)에 따르면 호메로스와 헤시오도스의 생몰연대에 관해 논쟁이 있었는데, 여기서 키케로는 바로가 내세운 동시대 인물론이나 아키우스가 내세운 헤시오도스 선대론과 배치되는 호메로스 선대론을 피력하고 있다.

189 호메로스, 『오뒷세이아』 24권 226행 이하 "그의 아버지가 혼자 어떤 초목 주위의 흙을 파고 있었다"를 키케로가 염두에 두고 있는데, 라에르테스가 하는 '밭매기와 이듬하기'를 '퇴비주기'와 같은 것으로 해석한 것으로 보인다. 『오뒷세이아』 17권 297행 이하를 보면, "대문 앞에서는 오뒷세우스의 하인들이 그의 넓은 영지에 거름을 주려고 치울 때까지 그런 똥 더미들이 많이 쌓여 있었던 것이다"라는 언급이 있다.

190 앞서 52절에 언급된 '꺾꽂이, 접목, 가지치기, 포기 나눔, 휘묻이' 등 증식 방법과 연관이 있어 보인다.

191 앞의 15절과 43절을 이하를 보라. 마니우스 쿠리우스는 기원전 290년에

도, 사비눔 사람들과 싸워서도, 퓌로스와 싸워서도 승전의 개선식을 누렸지만, 인생의 말년에는 이런 농사짓는 삶을 살았지. 그의 시골집을 볼 때면 — 내 집에서 멀지 않기 때문인데 — 나는 그 사람 본인의 자제력이나 그 시대의 엄격한 규율에 놀라움을 금할 수 없다네. **56** 쿠리우스가 시골집 화덕 근처에 앉아 있었을 때[192] 삼니움 사람들은 커다란 황금 덩이를 가지고 찾아와 그에게 내놓았지만 그는 이를 거절하면서, 황금을 얻는 것이 아니라 황금을 가진 자들을 지배하는 것을 영광스럽게 생각한다 말하였다 하네. 이는 긍지의 발로인바, 이로 말미암아 노년이 즐겁지 않을 수 있겠는가?

하지만 내 자신의 이야기에서 벗어나지 않고 다시 농부들에게로 돌아가자면, 루키우스 큉크티우스 킹킨나투스[193]가 밭을 갈다가 독재관으로 선출되었다는 통지를 받았다기에, 그래서 말하거니와 당시 원로원 의원들은, 그러니까 원로들은 밭을 일구는 농

삼니움 사람들과 사비눔 사람들을 물리쳤고, 기원전 275년에는 퓌로스를 물리쳤다.

192 플루타르코스의 『카토』 2에 전하는 바, 삼니움 사람들이 쿠리우스를 찾아왔을 때 그는 시골집의 화덕에서 순무를 삶고 있었다고 한다.

193 전승에 따르면, 기원전 458년 킹킨나투스는 독재관으로 선출되었고, 다시 기원전 439년에 두 번째로 독재관으로 선출되었다. 스푸리우스 마일리우스를 진압한 일은 두 번째 독재관직과 연관되어 있다. 가이우스 세르빌리우스 아할라가 기병대장으로 임명된 것은 킹킨나투스의 두 번째 독재관 때였다.

부들이었다네. 이 독재관의 명령으로, 기병대장 가이우스 세르빌리우스 아할라는 스푸리우스 마일리우스[194]를 왕권을 차지하려 한다는 이유로 처결하였네. 쿠리우스와 여타 원로들은 시골집에 머물다가 소집령에 따라 원로원 의사당에 모이곤 하였는데, 이런 사정 때문에 원로들에게 소집령을 전하러 돌아다니던 사람들은 발장(撥長)이라고 불렸다지. 농지를 일구는 데 재미를 붙이고 있던 이들 원로들의 노년을 가련하다 하겠는가? 내 생각에는 아마도 이들의 노년은 어떤 노년보다 행복했을 수 있네. 농업 경영은 헌신의 측면에서 인류 보편을 위해 유익한 일인데, 내가 말한 재미의 측면에서도 유익하며, 그리고 인간들을 먹이고 신들을 받드는 데 필요한 모든 재화의 충당과 확보의 측면에서도 유익하네. 이 마지막 측면의 유익을 어떤 이들은 간절히 원하기 때문에, 이제 우리가 다시 쾌락과 화해하자면, 유능하고 부지런한 주인의 포도주 저장고와 기름 저장고, 그리고 식료품 저장고도 늘 가득하고, 그의 시골집은 전체적으로 풍요롭기로 돼지고기, 염소고기, 양고기, 닭고기, 우유, 건락(乾酪), 꿀이 넘쳐나지. 또한 농부들 본인들이 제2의 곳간[195]이라고 부르는 텃밭도 있네. 또한

---

194 스푸리우스 마일리우스는 기사계급 출신이다. 그는 에트루리아에서 곡물을 들여와 기근에 시달리는 사람들에게 낮은 가격으로 분배하였다. 원로원 계급의 귀족들은 그의 이런 행동을 왕권을 차지하기 위한 것으로 치부하여 그를 탄압하는 빌미로 삼았다.

과외 활동으로 하는 새 사냥과 산짐승 사냥은 이런 농촌 생활에 활기를 불어넣어준다네. **57** 목초지의 푸르름, 혹은 나무들의 가지런한 행렬, 혹은 포도원 내지 감람나무 밭의 풍광을 두고서 어찌 말을 보태겠는가? 짧게 정리하자면, 잘 정돈된 밭보다 실질적으로 유익하고 보기에도 아름다운 것은 있을 수 없지. 노년은 농토를 즐기기를 막지 않으며, 오히려 이를 권장하고 권유한다네. 노년이 어디에서 이보다 따뜻하게 몸을 덥혀줄 햇빛 혹은 모닥불을 만날 수 있겠으며, 반대로 어디에서 이보다 건강하게 몸을 식혀줄 그늘 내지 물을 만날 수 있겠는가?[196] **58** 무구(武具), 경주마, 투창, 곤봉과 공. 사냥과 경주는 젊은이들이나 가지라 하자. 우리 노인들에게는 수많은 놀이 가운데 4면 주사위와 6면 주사위[197]나 남겨두라고 하세. 이마저도 남겨줄지 말지는 그들이 좋을 대로 판단해도 좋겠고. 노년은 그것들 없이도 행복할 수 있기 때문이지.

XVII 59 크세노폰의 책은 많은 것에 매우 유용한데, 이 책을

---

195 원문 'succidia'는 번역하면 '돼지비계'인데, 양분 저장하는 곳을 의미한다.

196 크세노폰, 『경영론』 5, 9 "꺼지지 않는 불가에서 따뜻하게 목욕하면서 겨울을 안락하게 보내기에 농가보다 더 좋은 곳이 어디 있겠습니까? 시원한 물가에서 산들바람을 맞으며 그늘 속에서 여름을 즐겁게 보내기에 시골보다 더 좋은 곳이 어디겠습니까?"

197 4면 주사위 talus와 6면 주사위 tessera는 주사위 놀이에 동시에 한 조로 사용되는 기구들이다.

자네들도 부디 자네들이 늘 그러하듯[198] 열심히 읽어주시게. 집안 살림을 돌보는 일을 다루어 『경영론』이라는 제목이 붙은 그의 책에서 그는 농업을 얼마나 풍부하게 칭송하였는가! 그가 농업의 열정만 한 왕업(王業)은 없다고 생각하였음을 자네들이 알도록 말하자면, 소크라테스는 그 책에서 크리토불로스[199]와 이런 대화를 하였다네.[200] 그러니까 재능과 통치력으로 명성이 높은 페르시아 왕 소(少)퀴로스[201]는, 대단한 용기를 가진 라케다이몬 사람 뤼산드로스[202]가 사르데이스로 그를 찾아와 그에게 동맹국들의 선물을 전달하였을 때, 뤼산드로스에게 여러 가지로 예의바르고 친절하게 대접하는 한편, 울타리에 둘러싸이고 잘 정돈된 정원을 보여주었다 하네. 뤼산드로스는 나무들의 높이, 오

---

198 키케로, 『투스쿨룸 대화』 II 26, 62 "그래서 아프리카누스는 소크라테스의 제자 크세노폰이 쓴 책을 늘 손에서 놓지 않았습니다."
199 크리토불로스는 크리톤의 아들로 소크라테스의 제자가 된 사람이다.
200 크세노폰, 『경영론』 4, 20~25를 보라.
201 퀴로스는 다레이우스 왕의 둘째 아들로 그의 형 아르타크세르크세스와 페르시아 제국의 왕권을 두고 오랫동안 싸웠다. 따라서 실제로 왕이 되지는 못했다. 기원전 401년 퀴로스는 형에게 패하였고, 퀴로스를 위해 용병으로 싸운 희랍병사들은 패전 이후 악전고투를 겪으며 귀향한다. 이들의 귀향 이야기가 바로 크세노폰이 쓴 『페르시아 원정기』다.
202 뤼산드로스는 펠로폰네소스 전쟁에서 활약한 라케다이몬 제독으로 기원전 405년 아테나이를 상대로 결정적인 승리를 거두었다. 뤼산드로스는 기원전 395년 테바이를 상대로 벌인 전투에서 사망한다. 뤼산드로스는 기원전 407년에 소아시아 해안에서 라케다이몬 병사들을 지휘하였는데, 이때 퀴로스 왕의 지원을 받았다.

점형(五點形)[203]으로 곧게 배열된 나무들, 깔끔하고 반듯한 대지, 꽃들이 뿜어내는 향기의 달콤함에 감탄하면서, 자신은 이것들을 설계하고 배치한 사람의 세심함과 훌륭한 솜씨에 경탄을 금하지 못하겠다고 말했다 하네. 그러자 퀴로스가 대답하여 말하되, "바로 제가 모든 것을 설계하였지요. 제가 만든 배열이며, 제가 의도한 배치랍니다. 보고 계신 나무들의 대다수는 제가 제 손으로 직접 심었답니다." 그때 뤼산드로스는 퀴로스가 입은 붉은 옷, 그의 건강한 혈색, 많은 황금과 보석들로 꾸며진 페르시아풍 장식을 바라보면서 이렇게 말했다고 하네. "퀴로스 왕이시여, 사람들이 말하듯, 왕께서는 행복하다고 말해질 만합니다. 왕께서는 덕을 겸비한 유복함[204]을 누리고 있기 때문입니다."

60 그러므로 이런 행복은 노인들에게 허락된다네. 나이는 우리가 여타의 열정은 물론 특히 농업의 열정을 가지는 것을 노년의 마지막 순간까지 방해하지 않네. 실로 우리가 전해들은 바에 따르면 마르쿠스 발레리우스 코르비누스[205]는 이미 한창때가 지

---

203 원문 'quincunx'는 정사각형의 대각선이 교차하는 지점에 찍은 점을 가리킨다. 이런 배열은 그러니까 정사각형의 각 꼭짓점과 대각선 교차점에 나무를 심는 방식을 계속 반복한 것을 의미한다.

204 크세노폰, 『경영론』 4, 25의 원문을 보라. "뤼산드로스는 이 말을 듣고서 퀴로스에게 경의를 표하며 말했습니다. '퀴로스여, 저는 당신이 진정으로 행복한 자라고 생각합니다. 왜냐하면, 당신은 자신의 훌륭함으로 인해 행복을 얻기 때문입니다.'"

나서 시골에 살게 되었고 농토를 일구었는데, 그 열정을 100세까지 이어갔다 하네. 그의 첫 번째 집정관직과 여섯 번째 집정관직 사이에는 46년의 차이가 있는데, 우리 조상들이 노년이 시작되기 전까지의 인생이라고 여긴 기간[206] 동안 내내 그는 관직을 역임하였지. 말년에 위엄은 커지고 노고는 줄었기 때문에 그는 그의 중년보다 행복하였지. 그런데 위엄은 노년의 왕관이라고 하겠네. **61** 루키우스 카이킬리우스 메텔루스[207]는 얼마나 큰 노년의 위엄을 가졌으며, 아울루스 아틸리우스 칼라티누스[208]는 얼마나 큰 노년의 위엄을 가졌던가! 그를 기리는 묘비문[209]은 이러하네.

---

205 마르쿠스 발레리우스 코르비누스는 기원전 348년에 첫 번째 집정관직을 역임하였고, 여섯 번째이자 마지막으로 기원전 299년 집정관을 역임하였다. 따라서 정확하게는 48년의 차이를 보인다. 그의 두 번째 집정관직은 기원전 346년이므로, 키케로는 여기를 기점으로 계산한 것으로 보인다. '코르비누스' 대신에 '코르부스'라고도 불린다.

206 카토는 공화정 시대의 로마인들처럼 최고 징집연령 46세 이후를 노년으로 간주하였는데, 이는 공화정 말기의 키케로와는 다른 생각이다. 앞의 2절을 보라.

207 앞의 30절을 보라.

208 아울루스 아틸리우스 칼라티누스는 캄파니아 지방의 칼라티아 사람으로 기원전 258년과 254년에 집정관을 역임하였고, 기원전 249년에 독재관으로 선출되었다. 제1차 카르타고 전쟁에서 활약하였다.

209 칼라티누스의 묘는 카페나 성문 밖에 위치하였다. 『투스쿨룸 대화』 I 7, 13 "혹은 당신이 카페나 성문 밖으로 나가, 칼라티누스의 무덤, 스키피오 집안, 세르빌리우스 집안, 메텔루스 집안의 묘지들을 본다면 당신은 이들을 불행하다 하겠습니까?"

수많은 가문들이 이 사람 하나를 두고 동의하는 바,

만백성들 가운데 제일가는 사내라는 것……

묘비에 새겨진 비문 전체는 널리 알려져 있는데, 그러므로 공적을 두고 만인이 동의하는 사람이 위엄을 가짐은 당연하다 하겠네. 얼마 전 최고 대사제를 역임한 푸블리우스 크라수스[210]에게서, 직후에 같은 사제직을 맡은 마르쿠스 레피두스[211]에게서 우리는 어떤 사내를 발견했던가! 파울루스 혹은 아프리카누스 혹은 앞서 이야기하였던 막시무스를 두고 무슨 말이 필요하겠는가? 이들의 발언만이 아니라 고갯짓 하나에도 위엄이 담겨 있었지. 노년은, 특히 존경받는 노년은 커다란 위엄을 가지며, 이는 청년기의 모든 쾌락보다 훨씬 값진 것이라 하겠네.[212]

XVIII 62 하지만 자네들은 명심하게들! 말하는 내내 내가 말하고자 한 바, 내가 칭송하려는 노년은 청년기의 토대 위에 세워진 노년이라는 것일세. 그러므로 내가 만인의 커다란 동의를 받아

---

210 기원전 213년 혹은 212년~183년까지 최고 대사제였다.

211 기원전 180~152년까지 최고 대사제였다. 마르쿠스 아이밀리우스 레피두스는 기원전 187년과 175년에 집정관을 역임하였다. 기원전 152년경에 사망하였다. 그는 아이밀리우스 대로를 건설하였다.

212 투퀴디데스, 『펠로폰네소스 전쟁사』 II 44 "명예욕만이 늙지 않으며, 몇몇 사람이 말하듯, 나이 많아 쓸모없어진 시기에는 재산을 축적하는 것이 아니라 남들의 존경을 받는 것이 더 큰 즐거움을 안겨주기 때문입니다."

결론적으로 말했던 바는 이것인즉, 구구절절 스스로를 말로 변호하는 노년은 비참한 노년이라네. 백발이나 주름이 갑자기 위엄을 거머쥘 수는 없는 고로, 앞서의 세월에서 훌륭한 업적을 이룬 삶이라야 위엄이라는 마지막 열매를 얻는 것이지. **63** 그러니까 사소하고 평범해 보이는 것들이 실로 명예이기 때문인데, 이런 것들이네. 아침 문안 인사를 한다거나, 인사하려 손을 잡는다거나, 길이나 자리를 비켜준다거나, 출타하거나 귀가할 때 동행해 준다거나, 조언을 청한다거나 하는 등이지. 이런 것들은 우리나라는 물론 다른 나라들에서, 도덕이 올바로 선 나라일수록 더욱더 세심하게 잘 지켜지네. 내가 방금 언급한 라케다이몬 사람 뤼산드로스는 사람들의 말에 따르면 종종 라케다이몬이 노년을 위한 최상의 거처라고 말하곤 하였는데, 그곳만큼 나이를 존중하는 곳은 없으며, 그곳만큼 노년이 명예로운 곳은 없기 때문이지. 또한 전하는 바에 따르면, 아테나이 축제 기간 동안 어떤 나이 지긋한 노인이 객석이 가득 찬 극장에 들어왔을 때, 동료 시민들 가운데 누구도 그에게 자리를 양보하지 않았다고 하네. 그런데 그가 라케다이몬 사람들에게 다가갔을 때, 마침 그들이 사절로 와 있었기에 지정석[213]에 앉아 있었는데, 라케다이몬 사람들이 모두 자리에서 일어나 노인이 앉을 수 있도록 자리를 내주

213 특별한 인물들이나 외국 사절들에게는 극장의 특석이 배정되었다.

었다고 전한다네. **64** 그들을 향해 관중 모두가 수차례에 걸쳐 박수갈채를 보냈을 때, 라케다이몬 사람들 가운데 한 사람이, 아테나이 사람들은 무엇이 옳은지는 잘 아는데, 실천하려 들지는 않는다고 말했다지. 자네들 사제단[214]에 많은 훌륭한 것들이 있지만, 우리가 지금 논의하고 있는 것과 관련하여 특히 훌륭한 것은 이것이지. 그러니까 일단 다른 이들보다 나이가 많은 사람이 발언 우선권을 가지며, 나아가 나이 많은 조점관들이 관직 높은 자들은 물론 통수권자들[215]보다 우선권을 가지는 것 말일세. 그래서 말이거니와, 위엄이라는 훈장을 어떤 육체적 쾌락과 비교할 수 있겠는가? 위엄이라는 빛나는 훈장을 받은 이들은 미숙한 배우들[216]처럼 극의 종반에 쫓겨나지 않고 인생 연극을 잘 마친 사람들이라고 나는 생각하네.

65 그런데 노인들은 완고하고[217] 걱정 많고 버럭 화를 잘 내고 까탈스러운 데다가, 솔직히 인색하기까지 하네.[218] 하지만 이것

---

214 현재 카토와 대화를 나누고 있는 라일리우스와 스키피오는 둘 다 조점관이었다. 카토는 조점관이 아니었다.

215 흔히 통수권을 가진 정무관은 현직에 있는 집정관이나 법정관, 혹은 독재관이다.

216 '*histrio*'는 형식적으로나 내용적으로 완성된 희극의 배우 '*comoedus*'와 구분하여 상고기 예술의 배우를 가리킨다.

217 키케로, 『투스쿨룸 대화』 IV 24, 54에서 '*morosus*'를 '*mos* 품성, 성미'와 연관시켜 '성미가 못된'이라고 설명한다.

218 호라티우스, 『시학』, 169행 이하 "많은 꼴불견이 노년 주변을 에워싸니, 혹

들은 성격의 결함일 뿐이며, 노년의 결함은 아니네. 물론 완고함을 포함하여 내가 말한 이 결함들은 변명의 여지가 있어, 정당하다고 할 수는 없으나 양해할 수는 있지. 노인들은 자신이 무시당하고 멸시당하고 조롱당한다 생각하기 때문이고, 게다가 육체가 유약해지면 모든 불편이 거슬리기 때문이지. 하지만 성품이 좋고 배움이 있으면 이것들 모두를 덜 불편하게 받아들이게 된다네. 이를 실생활에서도 그렇지만, 연극에서도 확인할 수 있는데, 『형제들』에 등장하는 형제들을 보면 말일세. 한 명은 얼마나 모질고, 한 명은 얼마나 상냥한가![219] 실상도 그러하다네. 세월이 오래되었다고 본성상 모든 포도주가 시큼 떨떠름해지는 것은 아

은 벌어들이고 번 건 불쌍타 기어코 쓰지 않고 혹은 매사 두려워 소심하게 미적대며 차일피일 미루고, 혹시나 기대하며 일없이 내일을 걱정하고 까탈부리고 투덜대며 왕년을 논하여 떠벌려 '내 어릴 적' 운운 젊은이를 나무라고 혼냅니다." 아리스토텔레스, 『수사학』 II 13 "노인은 …… 그 어떤 것에도 자신감이 없고 매사에 지나치게 활력이 부족하다. 노인은 의견만 많을 뿐 확실히 알지는 못하며 우유부단하다. …… 노인은 심술궂다. …… 노인은 불신하므로 의심하고, 경험 때문에 불신한다. …… 노인은 세상을 살아가느라 의기소침해진 탓에 좀스럽다. …… 노인은 인색하다. …… 노인은 겁쟁이이고 지레 겁을 먹는다. …… 노인은 차갑다. 그래서 비겁하다. …… 노인은 지나치게 이기적이다. …… 노인은 파렴치하다. …… 노인은 비관적이다. …… 노인은 희망보다는 추억 속에서 살아간다. 그래서 노인은 수다스럽다. …… 노인의 기개는 돌발적이고 약한 편이다. …… 노인은 투덜거리길 좋아한다."

219 테렌티우스의 희극 『형제들』에 등장하는 두 노인 미키오와 데메아를 가리키는데, 하나는 오냐 오냐 하는 편이고 다른 하나는 매우 근엄한 편이다.

닌 것처럼, 늙었다고 모든 사람이 그렇게 되는 것은 아니네. 노년에 엄정함을 가져야겠지만, 다른 것들처럼 절제된 엄정함이어야지 가혹함은 결코 옳지 않네. **66** 그런데 솔직히 노년의 인색함은 무슨 의미가 있을까 나는 모르겠네. 갈 길은 얼마 남지 않았는데 갈수록 더 많은 노잣돈을 탐한다. 이보다 어리석은 것이 있을 수 있을까?

XIX 이제 네 번째 이유가 남았으니, 우리 나이를 매우 고통스럽고 불안하게 하는 이유라고 생각하는데, 죽음이 가까이 다가오기 때문일세. 분명 죽음은 노년에서 멀다고 할 수 없네. 가련한 노인이여, 그대는 그렇게 오랜 세월 살면서도 죽음을 가볍게 여겨야 함을 여태 모른단 말이냐! 만약 죽음으로 영혼이 완전히 소멸한다면 죽음은 전혀 걱정할 일이 아니며, 혹은 영혼이 영원히 머물게 될 곳으로 죽음이 영혼을 이끌어간다면 죽음은 오히려 바라 마지않을 일이기 때문이지. 그리고 이외의 다른 가능성은 찾을 수 없네. **67** 따라서 죽음 이후에 전혀 불행하지 않거나 오히려 행복하기까지 하다면, 두려울 이유가 무엇인가? 하물며 젊은이라 하더라도 저녁까지 자신이 살아 있을 것이라고 확신할 만큼 어리석은 사람이 있겠는가? 사실 젊은 나이는 우리 나이보다 맞닥뜨릴 치명적 변고가 훨씬 더 많은 고로, 젊은이들이 그만큼 더 쉽게 건강을 잃고, 그만큼 더 중하게 병을 치르고, 회복은 그만큼 더 쉽지 않은 법이지. 따라서 소수의 젊은이만이 노년에 이르네. 변고가 없다면 좀 더 훌륭하고 현명하게 살아갈 것이네. 정신과 이성과 지혜는 노인들에게 있기 때문인데, 따라서 노인들이 없었다면, 어떤 국가도 존재할 수 없었을 것이네.

하지만 임박한 죽음을 다시 이야기하자면, 그것이 어디 노년을 비난할 이유가 되는가? 자네들도 알다시피, 죽음은 노년과 청년에 공통 사항이 아닌가? **68** 나는 더없이 훌륭했던 내 아들[220]을 통해, 스키피오, 자네는 최고 관직에 이를 것으로 기대되던 자네 형제들[221]을 통해 죽음이 나이와 상관없음을 알았네. '그렇지만 청년은 오래 살 것을 기대하고, 노인은 그럴 수 없다.' 하지만 그것은 어리석은 기대일 뿐이네. 불확실한 것을 확실하다 하고, 틀린 것을 맞다 하는 것보다 어리석은 일이 있겠는가? '그렇지만 노인은 기대할 것조차 없다.' 하지만 청년보다 노인의 상황이 훨씬 더 좋은 것은, 청년이 기대하는 바를 노인은 이미 얻었고, 청년은 오래 살기를 바라지만, 노인은 이미 오래 살았기 때문이네.

220 카토의 장남은 법정관 당선인으로 기원전 152년에 사망하였다. 카토가 이야기하는 시점에서 2년 전의 일이다.
221 루키우스 아이밀리우스 파울루스는 기원전 168년 개선식을 거행하기 직전과 직후에, 그러니까 하나는 5일 전에, 다른 하나는 3일 후에 14살과 12살 먹은 아들들을 잃었다. 그의 다른 두 아들, 스키피오 아이밀리아누스와 퀸투스 파비우스 막시무스 아이밀리아누스는 이때 이미 다른 집안으로 입양되어 있었다.

69 허나 선한 신들이여! 인간 본성에 '오래'란 무슨 의미인가? 가장 높은 연치를 상정하게. 타르테소스 사람들을[222] 통치하던 왕의 나이를 상상해보도록 하세. 기록에서 본 바에 따르면, 아르간토니오스라는 사람은 가데스에서 80년을 통치하였고, 120년을 살았다고 하니 말일세. 하지만 나는 끝이 있는 것은 무엇이든 '오래'라고 할 수 없다고 생각하네. 끝이 도래할 때 지나 간 것은 사라져 버리지. 다만 덕과 올바른 행위로 얻은 것만이 남게 되네. 시간이 흐르고, 날들도 달들도 계절들도 흘러가네. 지나가 버린 시간은 돌아오지 않으며, 앞으로 무슨 일이 있을지는 알 수 없지. 따라서 각자에게 살도록 주어진 시간에 각자는 만족해야 하네. **70** 배우는 갈채를 받기 위해 연극 내내 등장할 수 없고 다만 등장한 장면에서 인정받을 뿐이고, 현자도 '여러분 박수'[223]할 때까지 갈 수는 없는 법이지. 짧은 시간이라도 행복하고 훌륭하게 살기에는 충분히 긴 세월이기 때문이네. 그렇다고 좀 더 길어진 것을 탓할 수는 없지. 봄철의 달콤함이 지나가고 여름과 가을이 왔음을 농부가 탓한다면 모를까. 봄은 청년기를 나타내며 미래의 열매를 약속한다네. 하지만 나머지 계절은 열매를 거두고 수

---

222 타르테소스는 히스파니아의 남단, 바이티스 강의 하구에 위치한 지역으로 이곳의 중심도시는 가데스였다. 헤로도토스, 『역사』 I 163 이하에서 타르테소스 사람들의 왕으로 아르간토니오스라는 사람이 언급된다.

223 호라티우스, 『시학』 155행에도 언급되는 것으로 이는 연극의 끝을 나타낸다.

확하는 때이지. **71** 노년의 열매란, 내가 종종 말했던 것처럼, 앞서 성취한 선행들을 되새기고 기억하는 것이네.

그런데 자연에 순응하는 모든 것은 좋은 것으로 간주되어야 하네. 노인들이 죽어 사라지는 것보다 더 자연에 순응하는 일은 무엇이겠나? 청년들에게 자연이 반대하고 거부하는 죽음이 닥치는데, 그래서 나는 청년들의 죽음을 마치 물이 왕창 쏟아져 불을 덮쳐버린 것과 같다고 생각한다네. 노인들의 죽음은 불이 화력을 소진하고 외력 없이 저절로 꺼져버리는 일과 같지만 말일세. 풋사과는 나무에서 힘으로 따내지만, 완숙하여 무르익은 사과는 저절로 떨어지는 것처럼, 청년들은 강제에 의해 삶을 마치게 되지만, 노인들은 완숙에 의해 삶을 마치게 되네. 따라서 나로서는 실로 아주 즐거운 일인데, 죽음에 가까이 다가갈수록 나는 육지를 바라보며, 오랜 항해 끝에 마침내 항구에 들어가는구나 생각한다네.

XX 72 하지만 노년의 마지막 날이 정해진 바가 없는 고로, 의무의 과업을 돌보고 수행하며, 그러면서도 죽음을 가볍게 여겨 두려워하지 않을 수 있을 때까지 삶을 이어가는 것이 노년의 올바른 삶이네. 그렇게 노년이 청년보다 더 대담하고 용감해지는 것이지. 참주 페이시스트라토스[224]가 솔론에게 들은 답이 바

---

224 아테나이의 참주 페이시스트라토스는 기원전 560년에 참주가 되었으며,

로 그것인데, 도대체 무얼 믿고 그렇게 담대하게 저항하는 것이냐고 묻는 참주에게 솔론은 '노년이기 때문이다'라고 답하였다고 하네. 그런데 온전한 정신과 분명한 분별력을 가진 창조물을 자연이 창조했던 것처럼, 이제 자연이 다시 이를 없애고자 하는 그 마지막 날은 삶의 더없이 훌륭한 날이라네. 배나 건물을 지은 사람이 그것을 허무는 것이 가장 편리한 것처럼, 인간을 지은 바로 그 자연이 가져온 인간의 죽음은 가장 훌륭한 일이네. 모든 새로운 건조물은 부수기 어렵지만, 모든 오래된 건조물은 부서지기 십상이지. 그러므로 노인들은 얼마 남지 않은 삶에 집착해서도 안 되지만, 그렇다고 아무런 이유도 없이 삶을 버려서도 안 되는 것이네. **73** 그래서 피타고라스는 사령관의 명령 없이, 다시 말해 신의 명령 없이 삶이라는 요새와 초소를 이탈하지 말라고 하였던 것이지.[225]

기원전 527년까지 아테나이의 번영과 발전에 기여하다가 사망하였다. 그의 두 아들이 아버지의 지위를 물려받았다. 플루타르코스가 전하는 솔론의 이야기에 따르면, 솔론의 이 대답은 페이시스트라토스의 면전에서 행해진 것은 아니다(솔론 31).

225 플라톤, 『파이돈』 62b "우리 인간들은 일종의 감옥 속에 있으며, 그곳으로부터 절대로 벗어나거나 도망치려 해서는 안 된다는 말은 내겐 뭔가 엄청나고 이해하기 쉽지 않아 보이네." 『투스쿨룸 대화』 I 30, 74 "우리 안에서 우리를 다스리는 신은 우리가 그의 허락 없이 생을 마감하는 일을 금지합니다. 그러나 신이 우리에게 죽음의 정당한 이유를 제공할 때, 그러니까 예전 소크라테스나 최근 카토처럼, 그리고 종종 많은 다른 사람들처럼, 진

그런데 솔론은 현자라면서도 그의 이행시를 통해 자신의 죽음을 친구들이 통곡과 눈물로 배웅해주길 바라 마지않는다고 하였지. 그는 내 생각에 친구들에게 사랑받은 존재이길 바랐던 것이네. 하지만 여기서 어쩌면 엔니우스가 훨씬 훌륭한데,

누구도 나를 눈물로 배웅하거나 나의 장례식을 통곡으로
채우지 말라.

하였다네.[226] 이로써 그는 불멸을 얻을 죽음은 애도할 필요가 없다고 생각한 것이라네. **74** 또, 죽는 순간 죽는다는 감각이 있을 수 있지만, 이는 노인에게 순식간이네. 사실 죽음 이후의 감각

정 하늘에 맹세코 현명한 사람은 기쁜 마음으로 이 땅의 어둠을 벗어나 천상의 빛으로 떠나갈 겁니다. 법률이 금하기 때문에 감옥의 사슬을 깨부수지 않고, 마치 행정관이나 정당한 권한에 따르는 듯, 신의 호출에 따라 석방되어 떠나갑니다. 그리하여 철학자의 삶 전부는 소크라테스의 말처럼 죽음의 연습입니다."

226 『투스쿨룸 대화』 I 13, 34 "누구도 나를 눈물로 배웅하거나 나의 장례식을 통곡으로 채우지 말라. 왜냐고요? 나는 살아서 사람들의 입에 오르내릴 것이기 때문이오." I 49, 117 "그것이 그러하다면 엔니우스의 말이 솔론의 말보다 훌륭하다 하겠습니다. 우리의 시인은 '누구도 나를 눈물로 배웅하거나 나의 장례식을 통곡으로 채우지 말라'고 말했습니다. 반면 희랍의 현자는 '나의 죽음에 눈물이 빠져서는 안 되며, 친구들에게 슬픔을 남기노니 그들은 나의 장례식을 통곡으로 축하하라'고 말했습니다."

은 전혀 없거나 혹은 열망할 만한 것이지.[227] 하지만 죽음을 가볍게 여길 수 있기 위해서는 이를 청년기부터 연습해야 하네. 이런 연습이 없으면 누구도 평정심을 유지할 수 없지. 죽는다는 것은 분명하지만, 언제인지는 불확실하며 오늘일 수도 있네. 당장이라도 닥칠 수 있다고 항상 죽음을 두려워하는 사람이 어떻게 침착할 수 있겠나? **75** 이를 두고 긴 논의는 필요하지 않네. 공화정 수립을 위해 목숨을 바친 루키우스 브루투스[228]나, 기꺼이 적진으로 말을 몰아 죽음으로 달려든 두 명의 데키우스[229]나, 적과 맺은 약속을 지킨다고 고문을 받으러 떠난 마르쿠스 아틸리우스[230]나, 몸을 던져 카르타고 부대의 행군을 저지한 두 명의 스키피오[231]나, 칸나이의 국치일에 동료 집정관[232]의 경솔함을 죽음으로 갚은 자

---

227 앞의 66~67절의 논의를 보라.

228 루키우스 유니우스 브루투스는 기원전 509년 오만왕 타르퀴니우스를 내쫓았고, 최초의 집정관에 올랐다. 로마는 왕정에서 해방되어 공화정이 수립되었다. 타르퀴니우스의 아들 아룬스와의 맞대결에서 사망하였다고 한다.

229 앞의 43을 보라. 『투스쿨룸 대화』 I 37, 89; II 24, 59 "데키우스 가문은 적들의 전열로 달려들어 적들의 서슬 퍼런 칼을 보곤 했지만, 전사(戰死)의 명예와 영광을 생각하며 부상의 모든 두려움을 잊곤 했습니다."

230 마르쿠스 아틸리우스 레굴루스는 기원전 267년과 256년의 집정관을 역임하였다. 제1차 카르타고 전쟁 당시에 카르타고인들과 약속하고 포로교환 논의를 위해 로마로 보내졌고, 포로교환에 반대하는 뜻을 원로원에 밝히고 약속대로 카르타고인들에게 돌아갔다고 전한다.

231 앞의 29절을 보라.

232 마르쿠스 테렌티우스 바로를 가리킨다. 그의 성급함은 기원전 216년 한니발과 벌인 칸나이 전투에서 대패하는 원인이 되었으며, 이때 동료 집정관

네 조부 루키우스 파울루스나, 그가 죽자 더없이 잔혹했던 적장도 장례식의 명예를 빼앗지 않은 마르쿠스 마르켈루스[233]를 길게 늘어놓을 필요는 없겠지? 다만 우리의 군단병들만으로도 족하네. 내가 『로마 연원록』에 썼던 것처럼, 살아서 다시 돌아올 수 없을 곳인 줄 생각하면서도 높은 기상을 잃지 않고 기꺼이 그곳으로 떠나갔던 우리의 병사들 말이네.[234] 따라서 청년들이, 시골에서 자란 데다 배운 것도 없는 바로 그 청년들이 가볍게 여긴 것을 학식 높은 노인들이 두려워해서 쓰겠는가?

76 내가 생각하기에 모든 열정의 권태는 전적으로 삶의 권태를 낳는다네. 분명히 소년기에 속하는 열정들이 있지. 이 열정에 청년들이 애를 태울까? 청년기에 접어들 때의 열정들이 따로 있네. 그렇다면 이 열정을 중년이라고 불리는, 미혹됨이 없는 나이에도 이 열정을 추구할까? 그 나이에 속하는 열정들도 따로 있지. 이것들을 노년은 결코 추구하지 않네. 끝으로, 어떤 열정들

파울루스가 전사하였다.

233 마르쿠스 클라우디우스 마르켈루스는 제2차 카르타고 전쟁의 영웅으로 남부 이탈리아에서 한니발에 맞서 성공적으로 전투를 이끌었다. 기원전 208년에 베누시아 인근에서 적의 매복에 걸려 전사하였다.

234 키케로, 『투스쿨룸 대화』 I, 62, 101 "하지만 무엇 때문에 내가 장군들과 사령관들을 거명할 필요가 있겠습니까? 카토가 기록하길 로마의 병사들은 다시 살아서 돌아올 수 없는 곳인 줄 생각하면서도 때로 기꺼이 달려갔다고 하였는데 말입니다."

은 노년에 속한다네. 그렇지만 앞선 연령대의 열정들이 시들어버리는 것처럼, 그렇게 노년의 열정들도 결국 시들어버리기 마련이네. 이렇게 다다른 삶의 권태는 무르익은 죽음의 시간을 말해준다네.

77 내 자신이 죽음을 어떻게 생각하는지 내 견해를 자네들에게 말하지 못할 이유도 없을 것 같은데, 나는 죽음에 가까이 다가갈수록 더욱 분명하게 죽음을 알게 되었다고 생각하기 때문이네. 푸블리우스 스키피오와 자네 가이우스 라일리우스여, 자네들의 선친들,[235] 더없이 탁월했고 나에게 더없이 가까웠던 분들이 여전히 살아계시며, 그것만이 삶이라고 할 만한 삶을 살고 계신다고[236] 나는 판단하지. 하지만 육체라는 결합물에 갇혀 있는 동안 우리는 그 필연성이 부과하는 과제와 힘겨운 임무를 수행하게 되지. 그런데 영혼은 천상의 존재로 그 신적 본성이나 영원성과 상반되는 지상에 묻힌 듯, 높디높은 거처에서 떨어져 내려온 것이네. 불멸의 신들이 영혼을 인간 육신에 씨 뿌렸는데, 그것은 세상을 돌보며, 천상의 질서를 주시하며, 하늘의 질서를 현

---

235 아이밀리우스 파울루스와 가이우스 라일리우스를 가리킨다. 가이우스 라일리우스는 기원전 190년의 집정관을 역임하였고, 노(老)스키피오와 함께 제2차 카르타고 전쟁의 자마 전투에서 기병대를 지휘하며 활약하였다.

236 아래 82절을 보라. 키케로, 『국가론』 6권, 소위 〈스키피오의 꿈〉에서도 육체의 감옥을 벗어난 사후의 삶이 진정한 삶이라는 생각이 드러난다.

생의 방식으로 꾸준히 모방할 존재로 삼기 위함이었다고 나는
믿는다네. 이렇게 믿는 것은 논리와 논증만이 아니라, 위대한 철
학자들의 명성과 권위에 근거한 것이지. **78** 거의 우리네 주민
이라 할, 그래서 지난날 이탈리아 철학자라는 이름으로 불렸던
피타고라스와 피타고라스 제자들은 신성한 세계정신에서 떨어
져 나온 영혼을 우리가 가지고 있음을 추호도 의심하지 않았다
고 듣곤 하였지.[237] 더군다나 아폴론의 신탁이 만인 중에 가장 지
혜로운 사람이라고 한 소크라테스가 생의 마지막 날에 펼친 논
증[238]으로 인해 영혼 불멸성은 나에게 확증적이라네. 그러니 어
찌 여러 말이 필요하겠는가? 나는 이렇게 확신하네. 또 이렇게
생각하는데, 영혼의 굉장한 빠름[239], 과거사의 방대한 기억과 미
래사의 웅대한 예견, 수많은 예술들, 대단한 학문들, 수많은 발
명품들, 이런 것들을 담아내는 영혼의 본성은 사멸적일 수 없다

---

237 『투스쿨룸 대화』 V 13, 38 "인간 영혼은 신적 정신에서 떼어낸 것으로, 이
     렇게 말하는 것이 가하다면, 오직 신과 비교될 수 있습니다."
238 플라톤의 『파이돈』을 염두에 둔 말이지만, 이하 플라톤의 네 가지 논증이
     모두 『파이돈』에서 논의된 것은 아니다.
239 『투스쿨룸 대화』 I 19, 43 "덧붙여 말하자면, 영혼보다 빠른 것은 없으며 영
     혼의 빠르기에 대적할 만한 것이 존재하지 않는 만큼, 그리하여 그만큼 영
     혼은 내가 앞서 자주 언급한 이 공기로부터 더 쉽게 벗어나며 공기를 뚫고
     서 올라갑니다. 만약 영혼이 손상 없이 자신과 흡사하게 머문다면, 영혼은
     필연적으로 구름과 폭우와 바람이 모인 하늘, 대지로부터 증발한 습기와
     안개가 머무는 하늘 전부를 뚫어 가르고 올라갈 겁니다."

고 말일세. 또, 영혼이 항상 운동하고 스스로 움직이는 존재이기에 달리 운동의 원인을 가지지 않으며, 이런 존재이길 결코 멈추지 않을 것이기에 영혼의 운동은 끝을 가지지 않을 것이라고도 생각하네.[240] 또, 영혼의 본성은 단일하며, 이질적이고 이형적인 혼합물을 결코 가지지 않기 때문에, 분할될 수 없다고 하였는데,

240 키케로, 『투스쿨룸 대화』 I 22, 53 이하 "이로부터 소크라테스가 『파이드로스』에서 설명한 플라톤의 유명한 논증이 태어났고, 나는 이를 나의 『국가론』 제6권에서 언급하였습니다. XXIII "항상운동하는 것은 영원하네. 하지만 다른 것에 의해 운동하며 다른 것을 운동하게 하는 것은 운동의 끝을 가지므로 필연적으로 삶의 끝을 가지네. 그러므로 스스로 움직이는 것만이, 자기가 자기를 버리는 일은 없기에, 운동하기를 멈추지 않으며, 더 나아가 운동하는 다른 것들의 운동을 일으키는 기원이자 시작이 되네. 54 그런데 시작은 자신의 기원을 따로 갖지는 않네. 모든 것이 시작으로부터 기원한다고 하지만, 시작 자체는 어떤 다른 것으로부터 태어날 수 없네. 만일 시작이 다른 것으로부터 생겨난다면 이는 시작일 수 없기 때문이네. 그런데 시작이 생겨나지 않는 것이라면 그것은 동시에 소멸하지도 않는다네. 시작이 소멸한다면, 시작인 그것이 다른 무엇으로부터 다시 생겨날 수 없을뿐더러, 모든 것의 기원인 그것은 어떤 것도 산출하지 않을 것이기 때문이네. 따라서 운동의 시작은 스스로 움직이는 것이네. 시작은 생겨나지도 소멸할 수도 없네. 그렇지 않다면 온 하늘과 모든 자연은 모두 무너져 내려 정지하게 될 수밖에 없고 최초에 운동을 시작하게 추동할 힘도 두 번 다시는 가질 수 없겠지. 스스로 운동하는 것이 영원하다는 것이 밝혀졌으므로 이것이 영혼에 본성으로 부여되었다는 것을 누가 부정할 수 있겠는가? 외부 충격에서 운동을 부여받는 모든 물체는 생명이 없는 것이고, 자기 안에서 스스로 운동을 얻는 것은 생명이 있는 것이므로, 그것이 바로 영혼의 본성이고 본질이기 때문이네. 영혼이 모든 것 중에 스스로 움직이는 유일한 것이라면, 분명 영혼은 생겨나지 않는 것 이며 영원한 것이네." 이상은 키케로가 플라톤의 『파이드로스』 254c 이하를 번역한 것이다.

분할되지 않는 것은 소멸할 수 없다고 생각하네.[241] 또, 인간들이 태어나기 전부터 많은 것을 알고 있다는 것도 영혼 불멸의 커다란 논거라고 생각하네. 벌써 소년들이 어려운 학문들을 잘도 배우고, 헤아릴 수 없이 많은 것을 아주 신속하게 빨아들이는 것을 볼 때, 처음으로 그것을 배운다기보다 상기하고 회상한다고 보는 것이 좋을 것이네.[242] **79** 이상은 플라톤의 논증이지.[243]

한편, 크세노폰에서 노(老)퀴로스는 운명하며 이렇게 말했다네.[244] "사랑하는 아들들아, 내가 너희를 두고 떠나더라도 내가

---

241 플라톤, 『파이돈』 78c 이하의 논증이다. 키케로, 『투스쿨룸 대화』 I 29, 71 이하 "그런데 우리가 자연학에 무지하다면 모를까, 영혼의 인식에서 우리는 영혼에 어떤 혼합된 것도, 합성된 것도, 연합된 것도, 접합된 것도, 이 중적인 것도 없는 것을 의심치 않습니다. 그 때문에 영혼은 분리되지도 나뉘지도 분열되지도 쪼개지지도 않으며, 따라서 소멸하지도 않습니다. 왜냐하면, 소멸이란 소멸 이전에 어떻게든 연결된 것이 분리되고 쪼개지고 나뉘는 것이기 때문입니다."

242 플라톤, 『파이돈』 72e 이하와 『메논』 81e 이하에서 언급된 논증이다. 키케로, 『투스쿨룸 대화』 I 24, 57 이하 "인간 영혼은 우선 기억을 가집니다. 그것도 헤아릴 수 없을 만큼 많은 것의 무한한 기억을 말입니다. 플라톤은 이를 전생의 상기라고 말하고자 합니다. 『메논』이란 제목의 책에서 소크라테스는 사각형의 넓이와 관련된 기하학 물음을 소년에게 묻습니다. 이 물음에 소년은 어린아이들이 그렇게 하듯 대답합니다. 소년은 쉬운 질문에 차근차근 대답하여 기하학을 배운 사람처럼 대답하기에 이릅니다. …… 같은 문제를 소크라테스는 좀 더 치밀하게, 그가 삶을 마감하던 날의 대화에서 논증합니다."

243 키케로는 플라톤의 영혼 불멸 논증을 네 가지 방식으로 정리하였는데, 영혼의 능력, 자기 운동, 단일성, 상기에 따른 논증방식이 그것이다.

244 크세노폰, 『퀴로스의 교육』 8, 7, 17~22.

앞으로 영원히 사라질 거라고 생각하지는 말아라! 내가 너희와 함께하던 때에도 너희는 내 영혼을 본 적은 없었고, 다만 내가 이룩한 행적들로부터 이 몸 안에 영혼이 있음을 미루어 알지 않았더냐![245] 그러므로 더는 나를 보지 못하게 되더라도, 너희는 내 영혼이 늘 살아 있음을 믿어라! **80** 탁월한 인물들의 사후에도 그들의 명예가 남는 것은 그들 자신의 영혼이 우리가 그들을 기억하게끔 무언가를 했기 때문이리라. 나로서는 필멸의 영혼이 육체 안에서 살아 있다가 육체를 떠나면 소멸한다는 것을 도무지 생각할 수 없었다.[246] 또, 지각없는 육체를 벗어난 영혼은 지각을 잃는 것이 아니라, 육체의 결합에서 자유롭게 풀려나 순수하고 온전한 모습으로 돌아가게 되는데, 그때 지각도 그대로 유지한다고 생각한다. 또, 인간의 본성은 죽음으로 인해 산산이 흩어지는데 모든 것이 원래 왔던 곳으로 돌아가기 마련인바, 나머지 것

---

245 『투스쿨룸 대화』 I 38, 70 "이외에도 다른 헤아릴 수 없는 모든 것을 우리가 통찰할 때, 플라톤의 생각처럼 모든 것이 창조되었다면 이 모든 것을 창조자가 주재하거나, 아리스토텔레스의 생각처럼 모든 것이 늘 존재하였다면 위대한 장관의 통치자가 주재한다는 것을 부인할 수 있겠습니까? 따라서 당신이 신을 보지 못하지만, 신의 행적으로부터 신을 승인하는 것처럼, 꼭 그처럼 인간 정신을 보지 못하지만, 기억력과 발견과 재빠른 운동과 능력의 아름다움에서 인간 정신의 신적 본질을 당신은 승인하십시오."

246 『투스쿨룸 대화』 I 15, 35 "탁월한 사람일수록 후세 사람들을 위해 그만큼 더 많은 일을 하려고 한다는 점에 비추어, 사후에도 지각할 수 있는 무언가가 존재한다고 보는 것이 진실에 가까울 겁니다."

들은 각각 어디로 떠나가는지는 눈에 보이지만, 영혼만은 여기 있을 때나 떠나간 때나 눈에 보이지 않을 뿐이다. 덧붙이자면, 죽음은 무엇보다 잠과 제일 가깝다는 것을 너희는 알 것이다.[247]

81 사람이 잠을 잘 때 영혼은 그 신적 본성을 더없이 여실히 보여준다. 그때 육체의 결합에서 풀려나 느슨해지면서 영혼은 미래를 보는 것이 아니더냐! 이로부터 미루어, 육체의 속박으로부터 완전히 해방되었을 때 영혼이 어떻게 될지는 이해하기 어렵지 않다." 이어서 노(老)퀴로스는 말했다. "그러므로 사태가 이와 같을진대, 너희는 신처럼 불멸할 나에게 공경을 다하라! 하지만 영혼이 육체와 함께 사멸한다면, 그럼에도 너희는, 이 세상 만물의 아름다움을 주재하고 다스리는 신들을 공경하는 너희는 충직하게 성심으로 우리를 기억하고 보존하여라!"

XXIII 82 퀴로스는 운명하며 이렇게 말했다고 하네. 괜찮다면 이제 우리는 우리의 사례를 살펴보세! 그렇지 않다고 누구도 나를 설득하지 못할 것인데, 스키피오여, 자네 선친 파울루스나 두 분 조부 파울루스와 아프리카누스나, 아프리카누스의 부친이나 백부, 혹은 여기서 일일이 열거할 필요가 없을 수많은 탁월한 인물들은 후손들의 기억에 남을 일들을 시도할 때에, 마음속으로 그들 자신들이 후손들에게로 이어질 거라고 판단하였을 것이

---

247 『일리아스』 14권 231행 "죽음의 신의 아우인 잠의 신."

네.[248] 노인들이 그러하듯 나도 자기 자랑을 해보자면, 내가 밤낮으로 전시에나 평시에나 그렇게 큰 노고들을 감당하였던 것은, 나의 명성이 내 삶이 끝나는 날에 함께 끝나버리지 않을 것이기 때문에 그러했다고 자네는 생각하지 않는가? 그렇다면 아무런 노고와 대결 없이 한가롭고 조용한 생애를 보내는 것이 훨씬 더 훌륭한 일이었겠지? 하지만 왠지 모르겠지만, 나의 영혼은 스스로를 일으켜 세워 후세를 늘 바라볼 때에, 마치 현생을 떠난 이후에야 비로소 삶을 살게 될 것처럼 바라보았다네. 영혼이 불멸한다는 것이 헛소리였다면, 제아무리 훌륭한 사람이어도 결코 불멸과 명성을 위해 그렇게 큰 힘을 기울이지 않았을 테지. **83** 현명한 사람일수록 평정심으로 죽음을 받아들이는 반면, 어리석은 사람일수록 평정심을 잃는 것은 무엇 때문인가? 더 많이 알고 더 멀리 보는 영혼은 자신이 더 좋은 곳으로 떠난다는 것을 알기 때문이고, 눈이 흐린 영혼은 이를 알지 못하기 때문이라고 자네들은 생각하지 않는가?

참으로 나는 지난날 내가 사랑했고 존경했던 자네들 선친을 만나보게 될 열망에 들떠 있네.[249] 내가 알고 지내던 분들뿐만 아

---

248 『아르키아스 변호 연설』 11, 29 "하지만 훌륭한 사람이라면 그 누구에게나 어떤 덕이 자리 잡고 있어서, 밤으로 낮으로 명예를 얻고자 하는 마음을 불러일으키고, 우리의 명성에 대한 기억은 우리의 삶과 함께 사라지는 것이 아니라 대대손손 남는다는 점을 상기시킵니다."

니라, 전해 듣고 책에서 읽고 내가 내 책[250]에서 다룬 분들을 만나길 간절하게 바란다네. 그분들에게로 떠나는 나를 누구도 돌려세우지 못할 것이며, 펠리아스[251]처럼 나를 솥에 끓여 다시 회춘시키지 못하리라. 어떤 신께서 나에게 호의를 베풀어 이 노령에서 시간을 거꾸로 돌려 요람에서 울며 깨게 해준다 해도, 나는 단호히 거절할 것일세. 이제 경주를 마친 마당에 출발점으로 되돌아가 박차를 가한다니, 나는 결코 바라지 않네. **84** 삶이 무슨 득인가? 오히려 삶은 노고가 아닌가? 득이 있다 치더라도 분명 거기에도 권태나 혹은 한계가 있기 마련이지. 그렇다고 내가 많은 학식 있는 사람들처럼 삶을 원망하려는 것은 아니네.[252] 나는 내 삶을 후회하지 않네. 헛되이 태어나지 않았다 평가할 만한 삶을 살았기 때문이네. 하지만 또 나는 집이 아니라 마치 객지에서

---

249 플라톤, 『소크라테스의 변명』 40c 이하를 보라. 키케로는 투스쿨룸 대화 I 41, 97 이하에서 『소크라테스의 변명』 40c를 번역하여 제시하고 있다.

250 『로마 연원록』을 가리킨다.

251 키케로의 착각이다. 메데이아는 펠리아스의 딸들에게 펠리아스를 회춘시킬 수 있다고 속였으며, 메데이아의 말에 속은 딸들은 회춘은커녕 아버지를 사망에 이르게 하였다.

252 『투스쿨룸 대화』 I 24, 84 "내가 말한 헤게시아스의 책 『음식을 끊은 자』에서 어떤 사람은 금식을 통해 이승을 떠나고자 하였으나, 친구들이 말리자 이에 답하여 인간 삶이 얼마나 불편한가를 열거했다고 합니다. 나도 이를 보여줄 수 있습니다. 물론 살아가는 것이 모두에게 전적으로 이롭지 못하다고 주장하는 사람보다는 못하겠지만 말입니다."

떠나가듯 삶에서 떠나갈 것이네. 자연은 우리에게 거주할 집이 아니라, 잠시 머물 객사를 내주었을 뿐이지. 영혼들의 신성한 회합과 모임으로 떠나가게 되는 날은, 이 세상의 소란과 홍진을 떨쳐버리게 되는 날은 얼마나 아름다운 날인가! 앞서 말한 분들만이 아니라, 나의 아들 카토에게로 떠나는 날이기 때문이지. 누구보다 더없이 훌륭한 자식이었고, 더없이 충직했던 아들이었네. 그의 시신을 내가 화장하였는데, 반대로 그가 나를 화장했어야할 일이었지. 그의 영혼은 나를 버리고 간 것이 아니라, 나를 기다린다며, 장차 나도 가게 될 바로 그곳으로 먼저 간다고 생각하며 떠나갔지. 이런 나의 불행을 내가 용감하게 견뎌낸다고 사람들은 생각하였지만, 실은 평정심으로 견뎌냈던 것이 아니라, 우리의 이별과 분리가 길지 않을 것을 생각하며 나는 스스로 위안을 얻었던 것이네.

85 이런 것들로 인하여, 스키피오여, 자네가 라일리우스와 더불어 놀랍다 말했던 것처럼 노년은 내게 가뿐할 따름이지. 힘겹지 않을 뿐만 아니라 즐겁기까지 하지. 인간 영혼이 불멸한다 믿는 것이 오류라면, 나는 기꺼이 오류를 선택하겠고, 살아생전 나를 기쁘게 하는 이 오류를 고치고 싶지 않네. 반대로 일부 시시한 철학자들[253]이 생각하는 것처럼 죽은 뒤에 내가 감각을 잃게

---

253 키케로, 『예언에 관하여』 I 30, 62에서도 여기와 마찬가지로 "*minuti*

된다면, 그 철학자들이 이런 나의 오류를 비웃는다손, 죽은 내가 두려울 것이 없을 것이네. 우리가 불멸의 존재가 아닌 한, 인간에게는 각자에게 주어진 시점에 소멸하는 것도 바람직한 일이지. 자연은 다른 모든 것에 한계를 둔 것처럼 삶에도 한계를 두었네. 그런데 노년은 연극에 비유하자면 인생의 대단원이므로, 특히 권태와 함께 찾아오는 노년의 무료함을 피하는 것은 당연하다 하겠네.

이상이 노년을 두고 내가 언급할 만한 것들이라. 자네들도 부디 노년에 이르러, 내게서 들은 바를 실제로 경험하며 수긍할 수 있게 되길 바랄 따름이네.

philosophi"라고 언급된 자들은 에피쿠로스주의자들이다.

작품 안내

1. 키케로의 생애

마르쿠스 툴리우스 키케로(Marcus Tullius Cicero)는 기원전 106년 1월 3일 아르피눔에서 부유한 기사계급의 집안에서 두 형제 가운데 맏형으로 태어났다. 그의 아버지는 두 형제를 일찍이 로마로 유학 보내 철학과 수사학을 공부하게 했다. 당대의 유명한 법률 자문가였던 퀸투스 무키우스 조점관 스카이볼라와, 또 같은 이름의 조카 대제관 스카이볼라 밑에서 배웠다. 기원전 81년 처음으로 변호사 활동을 시작했으며, 기원전 80년 부친살해 혐의로 고발당한 로스키우스를 성공적으로 변호함으로써 명성을 얻었다. 로스키우스 사건은 독재자 술라의 측근이 관련된 사건으로 그는 술라의 측근이 저지른 전횡에 맞섰다. 이후 기원전 79~77년까지 아테나이와 로도스에서 수사학과 철학을 공부했으며 이때 포세이도니우스에게서도 배웠다.

기원전 75년 재무관을 시작으로 공직에 진출했으며, 기원전 70년 베레스 사건을 맡았다. 시킬리아 총독을 역임한 베레스를 재임 중 학정 혐의로 고발하여 유죄를 이끌어냈으며, 베레스를 변호한 사람은 퀸투스 호르텐시우스 호르탈루스였는데, 당시 로마에서 제일 뛰어난 변호사라는 칭송을 받던 사람을 상대로 승리함으로써 키케로는 로마 최고의 변호사라는 명성을 얻게 된다. 63년에 키케로는 집정관으로 선출되었다. 원로원 의원을 배출한 적이 없는 집안에서 '평지돌출 *homo novus*'로 로마 최고 관직인 집정관에 올랐다. 그의 집정관 역임 시, 63년 집정관직을 놓고 경쟁했던 혈통귀족 카틸리나의 국가반역 사건을 적발했다. 63년에 행해진 카틸리나 탄핵을 통해 원로원은 원로원 최후권고를 통과시켜 카틸리나를 국가의 적으로 규정했으며, 이에 카틸리나는 친구들을 데리고 에트루리아로 도망쳤다. 반역사건에 연루된 인물들은 체포되어 63년 12월 5일에 재판 없이 처형되었다. 이런 식의 처형은 위법이라는 문제제기에도 불구하고 집행은 강행되었으며, 나중에 키케로는 개인적으로 이런 위법 행위에 대한 책임을 지고 로마에서 추방당했다. 물론 키케로는 말년까지 카틸리나 국가반역 사건에 맞선 일은 국가를 구한 훌륭한 업적이었다는 신념을 버리지 않았다.

기원전 60년 카이사르와 폼페이우스와 크라수스의 삼두정치가 시작되었다. 정치적 입지를 위협받던 키케로는 마침내 기원전 58년, 클로디우스 풀케르가 호민관 자격으로 로마 시민을 재판 없이 처형한 자는 추방되어야 한다는 법률을 통과시켰을 때, 추방에 앞서 자진해서 로마를 떠나 마케도니아로 도망쳤다. 이후 팔라티움 언덕에 위치한 키케로의 저택은 클로디우스가 이끄는 무리들에 의해 불태워졌고, 투스쿨룸의 별장도 큰 피해를 입었다. 이듬해 8월 4일 지지자들의 도움으로 키케로의 귀환에 관한 법률이 통과되었고, 9월 4일 키케로는 로마로 돌아올 수 있었다. 그가 입은 재산적 피해는 공적 자금으로 회복되었다. 하지만 정치적 영향력은 과거와 달랐다. 공적인 활동을 접고 저술활동에 전념한 키케로는 『연설가론 de oratore』을 기원전 55년에, 『연설문의 구성 partitiones oratoriae』을 54년에, 『법률론 de legibus』을 기원전 52년에, 『국가론 de re publica』을 기원전 51년에 출판했다. 53년에는 조점관으로 선출되었다.

기원전 49년 카이사르와 폼페이우스 사이의 갈등으로 내전이 발발했을 때 키케로는 앞서 기원전 51년 여름에서 기원전 50년 여름까지 킬리키아 총독으로, 49년에는 카푸아 총독으로 파견되어 로마를 떠나 있었다. 49년 3월 카이사르는 키케로를 만나 합류할 것을 권고했으나, 키케로는 이를 거절하고 희랍에 머물고 있던 폼페이우스 편에 가담했다. 48년 8월 9일 카이사르가 테살리아의 파르살루스에서 폼페이우스와 싸워 이겼을 때, 키케로는 카이사르의 허락을 얻어 이탈리아로 돌아올 수 있었고, 이후 온전히 저술활동에 매진했다. 이때 출간된 책들은 다음과 같다. 기원전 46년에『스토아 철학의 역설 *paradoxa stoicorum*』,『브루투스 *Brutus*』,『연설가 *orator*』등이 출판되었고, 기원전 45년에『위로 *consolatio*』,『호르텐시우스 *Hortensius*』(유실),『아카데미아 학파 *academica*』,『최고선악론 *de finibus bonorum et malorum*』,『투스쿨룸 대화 *Tusculanae disputationes*』,『신들의 본성에 관하여 *de natura deorum*』등이 출판되었다. 기원전 44년에는『예언술 *de divinatione*』,『노(老)카토 노년론 *Cato maior de senectute*』,『운명론 *de fato*』,『라일리우스 우정론 *Laelius de amicitia*』,『덕에 관하여 *de virtutibus*』(단편),『영광에 관하여 *de gloria*』(유실),『의무론 *de officiis*』과『토피카 *topica*』등을 저술했다. 희랍에서 공부하고 있던 아들 마르쿠스 키케로에게 보낸 글이 바로『의무론』이다.『노(老)카토 노년론』,『라일리우스 우정론』은 그의 친구 아티쿠스에게 헌정되었다.

기원전 44년 3월 15일 카이사르가 암살되었다. 카이사르의 암살자들은 로마를 떠났으며 키케로는 정치무대로 복귀했다. 이때 그는 카이사르의 양자 옥타비아누스를 두둔하고, 안토니우스와 대립했다. 44월 9월 2일 카이사르의 뒤를 이은 안토니우스를 비판하는 일련의 연설을 시작했고, 43년 4월 21일까지 이어진 연설들을 우리는 『필립포스 연설 *orationes Philippicae*』이라고 부른다. 희랍의 유명한 연설가 데모스테네스가 마케도니아의 필립포스를 비판했던 것에서 그 명칭이 유래되었다. 이 연설을 통해 키케로는 안토니우스를 국가의 적으로 규정하고 이를 원로원이 의결할 것과, 즉시 군대를 파견하여 안토니우스를 공격할 것을 호소했다. 그러나 기원전 43년 11월 26일 안토니우스와 레피두스와 옥타비아누스가 합의한 삼두정치를 통해 키케로는 옥타비아누스에게 배신당했다. 안토니우스 일파는 살생부를 작성하여 반대파를 숙청했으며, 이를 피해 달아나던 키케로는 그를 쫓아온 군인들에게 잡혀 죽임을 당했다. 그때가 기원전 43년 12월 7일이었다.

개인사를 보면, 키케로는 테렌티아와 기원전 79년에 결혼하여 딸 툴리아와 아들 마르쿠스 툴리우스 키케로를 낳았다. 딸 툴리아가 기원전 45년 사망한 일은 키케로에게 가장 큰 고통을 안겨준 사건이었다. 기원전 47/46년 겨울 테렌티아와의 결혼생활을 청산했으며, 이후 푸블릴리아와 재혼했으나 곧 다시 이혼했다.

2. 『노(老)카토 노년론』

키케로의 『노(老)카토 노년론』은 『라일리우스 우정론』과 마찬가지로 그의 친구 아티쿠스에게 헌정된 철학적 수필이다. 『라일리우스 우정론』의 헌사를 볼 때 『노(老)카토 노년론』이 먼저 쓰였던 것으로 보인다. 『노(老)카토 노년론』에서 노(老)카토는 화자로 등장하여 청년 스피키오와 라일리우스와 대화를 나누는데, 세상 사람들이 흔히 말하는 노년의 단점을 네 가지로 정리하고 이들 각각이 잘못된 편견이고 오류임을 말해준다. 대화의 극적 상황은 고령의 카토가 기원전 150년 로마에서 라일리우스와 스키피오를 만난 장면에서 시작한다. 카토는 이듬해인 기원전 149년에 사망하는데, 이때에 30대의 청년들을 만나 오랜 세월 살아온 현자다운 노년의 모습을 보여준다.

노년을 주제로 다루는 글은 후대의 세네카와 플루타르코스에게서 발견된다. 세네카는 『철학적 서한들』12, 26, 30, 58, 77 등에서, 플루타르코스는 『노년도 국사에 참여해야 하는가?』에서 노년을 다루었다. 물론 『노(老)카토 노년론』에서 언급된 것처럼 플라톤의 『국가론』이나, 크세노폰의 『퀴로스의 교육』이나, 아리스톤의 책들도 같은 주제를 다룬 것들이다. 하지만 키케로 이전의 책들은 전해지지 않거나 본격적인 노년론이라고 할 수 없기 때문에, 『노(老)카토 노년론』은 노년을 본격적으로 다룬 철학적 논의의 시작이라고 할 수 있다.

카토는 노년에 대한 불평을 네 가지로 정리한다. 노년이 되면 사람이 모든 사회적 활동에서 멀어지게 된다는 것이 첫 번째 불평이다. 직접적인 정치적 군사적 참여와 활동은 신체적 여건이 받쳐주지 못해 불가능하겠지만, 이런 결손을 메워주는 것은 노년이 평생의 경험을 통해 얻은 지혜와 판단력인바, 더욱 현명해진 노년은 사회적 정치적 조언을 통해 더욱 열심히 활동할 수 있다. 또한, 노인은 문학과 철학 및 농업에도 종사할 수 있다.

두 번째 불평은 노년에 이르러 육신이 쇠약해진다는 것이다. 하지만 육체적 힘의 감소는 지적 능력의 성장으로 상쇄된다. 또한, 노년에도 노년에 걸맞은 활동을 할 만큼의 힘은 남아 있는 법이다. 따라서 주어진 육체적 힘을 적절하게 절제하여 사용한다면, 청년들의 육체적 능력에는 미치지 못하지만, 노년에 알맞은 활동을 충분히 가능하다. 더군다나 노년에 더욱 열심히 돌보아야 할 것은 육체가 아니라, 오히려 정신과 영혼이다.

노년에 대한 세 번째 불평은 노년이 거의 모든 쾌락을 빼앗는다는 것이다. 하지만 노년 덕분에 욕망과 쾌락에 의해 유발되는 과오에서도 멀어진다. 영혼의 쾌락보다 즐거운 것은 없는데, 노년은 영혼의 쾌락에 집중하기 좋은 시기다. 노년에 접어들면서 농업이 주는 즐거움도 깨닫게 되었다. 무엇보다 대단한 업적을 쌓아 존경받는 노년보다 즐거운 것은 없다.

마지막으로 노년에 대한 불평 가운데 하나는 노년은 죽음에서 멀지 않다는 것이다. 하지만 자연이 부여한 것 가운데 그 자체로 우리에게 나쁜 것은 없을 것이며, 출생이 있었다면 죽음 또한 자연스러운 것이다. 이렇게 인간은 자연에 순응하며 살아가는 것이다. 그리고 플라톤이 알려준 것과 같이 인간의 영혼은 불멸하는 것이다. 육신은 소멸하지만 영혼은 그대로 남아, 앞서 간 위대한 영혼들을 저승에서 다시 만날 수 있기 때문에 죽음은 전혀 두려워할 것이 아니다.

3. 『노(老)카토 노년론』의 판본

우리는 파월(Powell)이 2006년에 편집한 옥스퍼드 판본이 가장 최근에 새롭게 편집된 것임에도 불구하고, 같은 사람이 1988년에 편집한 케임브리지 판본을 중요한 번역 모본으로 삼았다. 강독 중에 옥스퍼드 최신판에서 탈자와 오식(誤植)이 수차례 발견되었기 때문이다. 옥스퍼드 판 42절의 'eonsul'은 'consul'의 오타이고, 52절에는 'quasi manibus'가 빠져 있었다. 53절의 'est'는 문법적으로 'sunt'가 되어야 했다. 64절의 'esset'는 'essent'로 고쳐져야 했다.

파월은 1988년 케임브리지 판본을 편집하면서 11개의 주요 사본을 토대로 삼았다. 그 밖의 20개 사본도 참고하였다. 주요 사본들 가운데, 파리 사본을 비롯하여 프랑스 지역에서 발견된 여섯 개의 사본들은 대체로 9세기에 만들어진 것으로 보이며, 런던 사본을 비롯하여 독일어 지역에서 발견된 다섯 개의 사본들은 10세기에서 12세기에 제작된 사본들이다. 2006년에 파월은 옥스퍼드 판본을 새롭게 편집하면서 보충적으로 옥스퍼드 사본 등을 참조하였으며, 크게 달라진 것은 없다.

참고문헌

1. 단행본

J. Vahlen, *Ennianae Poesis reliquae*, Teubner, 1903.

W. A. Falconer, *Cicero de senectute*, Harvard University Press, 1923.

J. G. F. Powell(ed.), *Cicero, Cato Maior de senectute*, Cambridge University Press, 1988.

J. G. F. Powell(ed.), *M. Tulli Ciceronis Cato Maior de senectute*, Oxford, 2006.

조우현(번역), 플라톤『국가』, 삼성출판사, 1990.

오흥식, 키케로『노년에 관하여』, 궁리, 2002.

천병희(번역), 『노년에 관하여, 우정에 관하여』, 숲, 2005.

김인곤 외(번역), 『소크라테스 이전 철학자들의 단편 선집』, 아카넷, 2005.

천병희(번역), 『오뒷세이아』, 숲, 2006.

천병희(번역), 『일리아스』, 숲, 2007.

조대호(번역), 플라톤『파이드로스』, 문예출판사, 2008.

천병희(번역), 에우리피데스『헤라클레스』, 숲, 2009.

천병희(번역), 헤로도토스 『역사』, 숲, 2009.

천병희(번역) 크세노폰 『페르시아 원정기』, 숲, 2011.

천병희(번역), 투퀴디데스 『펠로폰네소스 전쟁사』, 숲, 2011.

안병직(번역), 슐람미스 샤하르 『노년의 역사』, 글항아리, 2012.

오유석(번역), 크세노폰 『경영론』, 『향연』, 부북스, 2015.

김남우 외(번역), 키케로 『설득의 정치』, 민음사, 2015.

정윤희(번역), 『키케로의 노년에 대하여』, 소울메이트, 2015.

이동수(번역), 크세노폰 『키로스의 교육』, 한길사, 2015.

천병희(번역), 아리스토텔레스 『수사학』, 숲, 2017.

김남우(번역), 『고대 그리스 서정시』, 민음사, 2018.

김성숙(번역), 키케로 『노년에 대하여』, 동서문화사, 2019.

이상인(번역), 플라톤 『메논』, 아카넷, 2019.

김주일(번역), 플라톤 『에우튀데모스』, 아카넷, 2019

김남우(번역), 『호라티우스의 시학』, 민음사, 2019.

강철웅(번역), 플라톤 『소크라테스의 변명』, 아카넷, 2020.

김주일(번역), 플라톤 『파이드로스』, 아카넷, 2020.

전헌상(번역), 플라톤 『파이돈』, 아카넷, 2020.

김인곤(번역), 플라톤 『고르기아스』, 아카넷, 2021.

이정호(번역), 플라톤 『메넥세노스』, 아카넷, 2021.

김주일(번역), 크세노폰 『소크라테스의 회상』, 아카넷, 2021.

김남우(번역), 베르길리우스 『아이네이스』 I, II, 열린책들, 2013, 2021.

양호영(번역), 키케로 『아카데미아 학파』, 아카넷, 2021.

안규남(번역), 키케로 『어떻게 나이 들 것인가?』, 아날로그, 2021.

강성훈(번역), 플라톤 『에우튀프론』, 아카넷, 2021.

강대진(번역), 키케로 『예언에 관하여』, 그린비, 2021.

김주일 외(번역), 디오게네스 라에르티오스, 『유명한 철학자들의 생애와 사
        상』, 나남, 2021.

김남우(번역), 키케로 『라일리우스 우정론』, 아카넷, 2022.

이기백(번역), 키케로『스토아철학의 역설』, 아카넷, 2022.
김남우(번역), 키케로『투스쿨룸 대화』, 아카넷, 2022.

2. 논문

장영란, 「늙음과 죽음의 윤리」, 《서양고전학연구》 35호, 119~147쪽, 2009.
이정연, 이방출, 「키케로의『노년에 관하여』에 투영된 노년기의 신체관」, 《움
　　직임의 철학》 44호, 119~132쪽, 2010.
한광택, 「노년의 존재론: 포스휴머니즘 시대의 키케로와 렘브란트」, 《횡단인
　　문학》 3호, 1~25쪽, 2019.
이선주, 「투리아 칭송 비문 연구」, 서울대학교 대학교 박사논문, 2020.
장미성, 「노년은 인생의 비극인가: 키케로의『노년에 관하여』를 중심으로」,
　　《인간 환경 미래》 26호, 7~34쪽, 2021.

찾아보기

아라비아 숫자는 문단 번호다. 본문에는 로마자로 표시된 다른 본문 번호도 달려 있지만, 찾아보기에서는 생략했다.

옮긴이의 말

번역은 읽혀야 한다. 우리말로 자연스럽게 읽히는 번역이어야 한다. 안 읽히는데도, 단어 대 단어의 번역을 내놓고는 이런 번역이 키케로가 숨겨놓은 비의를 드러낼 것이라고 주장하는 것은 사실 억지다. 만약 그런 번역이라면 인공지능이 훨씬 더 정확하게 저자의 뜻을 전달할 수 있을지도 모른다. 하지만 번역자의 작업은 그게 아니다. 우리는 우리가 저마다 읽어낸 저자의 뜻을, 단어가 아니라 뜻을 자연스러운 우리말로 전달하는 일을 맡았다. 그래서 늘 새삼 눈에 들어오는 새로운 뜻을 전달하기 위해 새로운 번역이 만들어져야 한다.

『노(老)카토 노년론』의 강독과 윤독에 참여한 김선희 선생님과 김기영 선생님 등 키케로 연구번역 조원들에게 감사한다. 강독의 좋은 조언자였던 이탈리아 페루지아 대학 Aldo Setaioli 명예

교수께 감사한다. 초역을 읽어준 서승일 선생과 오수환 선생에게 감사를 전한다. 그리고 이 책을 마칠 수 있었던 것은 신촌 세브란스 병원 김형일 교수님과 신성관 교수님의 수술과 치료 덕분이었다. 성염 선생님, 이정호 선생님, 이종숙 선생님, 조대호 선생님을 비롯하여 병자를 걱정해주시고 성원해주신 모든 분에게 고개 숙여 인사드린다. 고전어 교실 1기에 참여했던 손효주 선생님 외 4인의 응원으로 큰힘을 얻었다. 서울대 고전학 협동과정의 옛 학우들에게도 감사를 전한다. 정암학당 학당장 김주일 선생님 이하 연구실장 한경자 선생과 사무국장 이옥심 선생님, 연구원 모두에게 감사드린다. 책을 잘 만들어준 아카넷 출판사에게 감사한다. 걱정을 끼친 가족들에게 미안한 마음이다.

2023년 5월 18일

사단법인 정암학당을 후원해 주시는 분들

정암학당의 연구와 역주서 발간 사업은 연구자들의 노력과 시민들의 귀한 뜻이 모여 이루어집니다. 학당의 모든 연구는 시민들의 자발적인 후원을 바탕으로 하기 때문입니다. 그 결실을 담은 '정암고전총서'는 연구자와 시민의 연대가 만들어 내는 고전 번역 운동의 산물이라고 할 수 있습니다. 이 같은 학술 운동의 역사적 의미를 기리고자 이 사업에 참여한 후원회원 한 분 한 분의 정성을 이 책에 기록합니다.

평생후원회원

Alexandros Kwanghae Park	강대진	강상진	강선자	강성훈	강순전	강승민
강창보	강철웅	고재희	공기석	권세혁	권연경	권장용	기종석	길명근
김경랑	김경현	김귀녀	김기영	김남두	김대오	김미성	김미옥	김상기
김상수	김상욱	김상현	김석언	김석준	김선희(58)	김성환	김숙자	김영균
김영순	김영일	김영찬	김옥경	김운찬	김유순	김 율	김은자	김은희
김인곤	김재홍	김정락	김정란	김정례	김정명	김정신	김주일	김지윤(양희)
김진성	김진식	김출곤	김태환	김 헌	김현래	김현주	김혜경	김혜자
김효미	류한형	문성민	문수영	문종철	박계형	박금순	박금옥	박명준
박병복	박복득	박상태	박선미	박세호	박승찬	박윤재	박정수	박정하
박종민	박종철	박진우	박창국	박태일	박현우	반채환	배인숙	백도형
백영경	변우희	서광복	서 명	서지민	설현석	성 염	성중모	손병석
손성석	손윤락	손효주	송경순	송대현	송성근	송순아	송유레	송정화
신성우	심재경	안성희	안 욱	안재원	안정옥	양문흠	양호영	엄윤경
여재훈	염수균	오서영	오지은	오흥식	유익재	유재민	유태권	유 혁
윤나다	윤신중	윤정혜	윤지숙	은규호	이광영	이기백	이기석	이기연
이기용	이두희	이명호	이무희	이미란	이민숙	이민정	이상구	이상원
이상익	이상인	이상희(69)	이상희(82)	이석호	이순이	이순정	이승재	이시연
이영원	이영호(48)	이영환	이옥심	이용구	이용술	이용재	이용철	이원제
이원혁	이유인	이은미	이임순	이재경	이정선(71)	이정선(75)	이정숙	이정식
이정호	이종환(71)	이종환(75)	이주형	이지민	이지수	이 진	이창우	이창연
이창원	이충원	이춘매	이태수	이태호	이필렬	이향섭	이향자	이황희
이현숙	이현임	임대윤	임보경	임성진	임연정	임창오	임환균	장경란
장동익	장미성	장영식	전국경	전병환	전헌상	전호근	정선빈	정세환
정순희	정연교	정 일	정정진	정제문	정준영(63)	정준영(64)	정해남	정흥교
정희영	조광제	조대호	조병훈	조익순	지도영	차경숙	차기태	차미영
채수환	최 미	최세용	최수영	최병철	최영임	최영환	최운규	최원배
최윤정(77)	최은영	최인규	최지호	최 화	표경태	풍광섭	하선규	하성권
한경자	한명희	허남진	허선순	허성도	허영현	허용우	허정환	허지현
홍섬의	홍순정	홍 훈	황규빈	황유리	황예림	황희철		

가지런e류 교정치과　　　　　　나와우리〈책방이음〉　　　　도미니코 수도회　　　도바세
방송대문교소담터스터디　　　방송대영문과07 학번미아팀　　　법률사무소 큰숲

개인 257, 단체 11, 총 268

후원위원

강성식	강용란	강진숙	강태형	고명선	곽삼근	곽성순	구미희	권영우
길양란	김경원	김나윤	김대권	김명희	김미란	김미선	김미향	김백현
김병연	김복희	김상봉	김성민	김성윤	김순희(1)	김승우	김양희	김애란
김연우	김영란	김용배	김윤선	김정현	김지수(62)	김진숙(72)	김현제	김형준
김형희	김희대	맹국재	문영희	박미라	박수영	박우진	박현주	백선옥
사공엽	서도식	성민주	손창인	손혜민	송민호	송봉근	송상호	송찬섭
신미경	신성은	신영옥	신재순	심명은	안희돈	양은경	오현주	오현주(62)
우현정	원해자	유미소	유형수	유효경	이경선	이경진	이명옥	이봉규
이봉철	이선순	이선희	이수민	이수은	이승목	이승준	이신자	이은수
이재환	이정민	이주완	이지희	이진희	이평순	이한주	임경미	임우식
장세백	장영재	전일순	정삼아	정은숙	정태흡	정현석	조동제	조명화
조문숙	조민아	조백현	조범규	조성덕	조정희	조준호	조진희	조태현
주은영	천병희	최광호	최세실리아		최승렬	최승아	최이담	최정옥
최효임	한대규	허 민	홍순혁	홍은규	홍정수	황정숙	황훈성	

정암학당1년후원

문교경기〈처음처럼〉	문교수원3학년학생회	문교안양학생회
문교경기8대학생회	문교경기총동문회	문교대전충남학생회
문교베스트스터디	문교부산지역7기동문회	문교부산지역학우일동(2018)
문교안양학습관	문교인천동문회	문교인천지역학생회
방송대동아리〈아노도스〉	방송대동아리〈예사모〉	방송대동아리〈프로네시스〉
사가독서회		

개인 125, 단체 16, 총 141

후원회원

강경훈	강경희	강규태	강보슬	강상훈	강선옥	강성만	강성심	강신은
강유선	강은미	강은정	강임향	강주완	강창조	강 항	강희석	고경효
고복미	고숙자	고승재	고창수	고효순	공경희	곽범환	곽수미	구본호
구익희	권 강	권동명	권미영	권성철	권순복	권순자	권오성	권오영
권용석	권원만	권정화	권해명	권혁민	김건아	김경미	김경원	김경화
김광석	김광성	김광택	김광호	김귀종	김길화	김나경(69)	김나경(71)	김남구
김대겸	김대영	김대훈	김동근	김동찬	김두훈	김 들	김래영	김명주(1)
김명주(2)	김명하	김명화	김명희(63)	김문성	김미경(61)	김미경(63)	김미숙	김미정
김미형	김민경	김민웅	김민주	김범석	김병수	김병옥	김보라미	김봉습
김비단결	김선규	김선민	김선희(66)	김성곤	김성기	김성은(1)	김성은(2)	김세은
김세원	김세진	김수진	김수환	김순금	김순옥	김순호	김순희(2)	김시인

김시형	김신태	김신판	김승원	김아영	김양식	김영선	김영숙(1)	김영숙(2)
김영애	김영준	김영효	김옥주	김용술	김용한	김용희	김유석	김은미
김은심	김은정	김은주	김은파	김인식	김인애	김인욱	김인자	김일학
김장생	김정식	김정현	김정현(96)	김정화	김정훈	김정희	김종태	김종호
김종희	김주미	김중우	김지수(2)	김지애	김지열	김지유	김지은	김진숙(71)
김진태	김철한	김태식	김태욱	김태훈	김태헌	김태희	김평화	김하윤
김한기	김현규	김현숙(61)	김현숙(72)	김현우	김현정	김현정(2)	김현중	김현철
김형규	김형전	김혜숙(53)	김혜숙(60)	김혜원	김혜정	김홍명	김홍일	김희경
김희성	김희정	김희준	나의열	나춘화	나혜연	남수빈	남영우	남원일
남지연	남진애	노마리아	노미경	노선이	노성숙	노채은	노혜경	도종관
도진경	도진해	류다현	류동춘	류미희	류시운	류연옥	류점용	류종덕
류지아	류진선	모영진	문경남	문상흠	문순혁	문영식	문정숙	문종선
문준혁	문찬혁	문행자	민 영	민용기	민중근	민해정	박경남	박경수
박경숙	박경애	박귀자	박규철	박다연	박대길	박동심	박명화	박문영
박문형	박미경	박미숙(67)	박미숙(71)	박미자	박미정	박믿음	박배민	박보경
박상선	박상윤	박상준	박선대	박선희	박성기	박소운	박수양	박순주
박순희	박승억	박연숙	박영찬	박영호	박옥선	박원대	박원자	박윤하
박재준	박정서	박정오	박정주	박정은	박정희	박종례	박주현	박주형
박준용	박준하	박지영(58)	박지영(73)	박지희(74)	박지희(98)	박진만	박진현	박진희
박찬수	박찬은	박춘례	박태안	박한종	박해윤	박헌민	박현숙	박현자
박현정	박현철	박형전	박혜숙	박홍기	박희열	반덕진	배기완	배수영
배영지	배제성	배효선	백기자	백선영	백수영	백승찬	백애숙	백현우
변은섭	봉성용	서강민	서경식	서근영	서동주	서두원	서민정	서범준
서봄이	서승일	서영식	서옥희	서용심	서월순	서정원	서지희	서창립
서회자	서희승	석현주	설진철	성윤수	성지영	소도영	소병문	소선자
손금성	손금화	손동철	손민석	손상현	손정수	손지아	손태현	손혜정
송금숙	송기섭	송명화	송미희	송복순	송석현	송연화	송염만	송요중
송원욱	송원희	송유철	송인애	송진우	송태욱	송효정	신경원	신기동
신명우	신민주	신성호	신영미	신용균	신정애	신지영	신혜경	심경옥
심복섭	심은미	심은애	심정숙	심준보	심희정	안건형	안경화	안미희
안숙현	안영숙	안정숙	안정순	안진구	안진숙	안화숙	안혜정	안희경
안희돈	양경엽	양미선	양병만	양선경	양세규	양예진	양지연	양현서
엄순영	오명순	오승연	오신명	오영수	오영순	오유석	오은영	오진세
오창진	오혁진	옥명희	온정민	왕현주	우남권	우 람	우병권	우은주
우지호	원만희	유두신	유미애	유성경	유승현	유정원	유 철	유향숙
유희선	윤경숙	윤경자	윤선애	윤수홍	윤여훈	윤영미	윤영선	윤영이
윤 옥	윤은경	윤재은	윤정만	윤혜영	윤혜진	이건호	이경남(1)	이경남(72)
이경미	이경아	이경옥	이경원	이경자	이경희	이관호	이광로	이광석
이군무	이궁훈	이권주	이나영	이다영	이덕제	이동래	이동조	이동춘
이명란	이명순	이미옥	이민희	이병태	이복희	이상규	이상래	이상봉

이상선	이상훈	이선민	이선이	이성은	이성준	이성호	이성훈	이성희
이세준	이소영	이소정	이수경	이수련	이숙희	이순옥	이승훈	이시현
이아람	이양미	이연희	이영민	이영숙	이영신	이영실	이영애	이영애(2)
이영철	이영호(43)	이옥경	이용숙	이용안	이용웅	이용찬	이용태	이원용
이윤주	이윤철	이은규	이은심	이은정	이은주	이이숙	이인순	이재현
이정빈	이정석	이정선(68)	이정애	이정임	이종남	이종민	이종복	이준호
이중근	이지석	이지현	이진아	이진우	이창용	이철주	이춘성	이태곤
이태목	이평식	이표순	이한솔	이현주(1)	이현주(2)	이현호	이혜영	이혜원
이호석	이호섭	이화선	이희숙	이희정	임미정	임석희	임솔내	임정환
임창근	임현찬	장모범	장선희	장시은	장영애	장오현	장재희	장지나
장지원(65)	장지원(78)	장지은	장철형	장태순	장해숙	장홍순	전경민	전다록
전미래	전병덕	전석빈	전영석	전우성	전우진	전종호	전진호	정경회
정계란	정금숙	정금연	정금이	정금자	정난진	정미경	정미숙	정미자
정상묵	정상준	정선빈	정세영	정아연	정양민	정양욱	정 연	정연화
정영목	정옥진	정용백	정우정	정유미	정은정	정일순	정재웅	정정녀
정지숙	정진화	정창화	정하갑	정은교	정혜경	정현주	정현진	정호영
정환수	조권수	조길자	조덕근	조미선	조미숙	조병진	조성일	조성혁
조수연	조슬기	조영래	조영수	조영신	조영연	조영호	조예빈	조용수
조용준	조윤정	조은진	조정란	조정미	조정옥	조증윤	조창호	조황호
주봉희	주연옥	주은빈	지정훈	진동성	차문송	차상민	차혜진	채장열
천동환	천명옥	최경식	최명자	최미경	최보근	최석묵	최선회	최성준
최수현	최숙현	최연우	최영란	최영순	최영식	최영아	최원옥	최유숙
최유진	최윤정(66)	최은경	최일우	최자련	최재식	최재원	최재혁	최정욱
최정호	최정환	최종희	최준원	최지연	최진욱	최혁규	최현숙	최혜정
하승연	하혜용	한미영	한생곤	한선미	한연숙	한옥희	한윤주	한호경
함귀선	허미정	허성준	허 양	허 웅	허인자	허정우	홍경란	홍기표
홍병식	홍성경	홍성규	홍성은	홍영환	홍은영	홍의중	홍지흔	황경민
황광현	황미영	황미옥	황선영	황신해	황은주	황재규	황정희	황주영
황현숙	황혜성	황희수	kai1100	익명				

리테라 주식회사 　　　　　　　　문교강원동문회 　　　　　　　　문교강원학생회
문교경기〈문사모〉　　　　　　　문교경기동문〈문사모〉　　　　문교서울총동문회
문교원주학생회 　　　　　　　　문교잠실송파스터디 　　　　　문교인천졸업생
문교전국총동문회 　　　　　　　문교졸업생 　　　　　　　　　문교8대전국총학생회
문교11대서울학생회 　　　　　　문교K2스터디 　　　　　　　　서울대학교 철학과 학생회
(주)아트앤스터디 　　　　　　　영일통운(주) 　　　　　　　　　장승포중앙서점(김강후)
책바람

개인 716, 단체 19, 총 735

2023년 6월 1일 현재, 1,098분과 46개의 단체(총 1,144)가 정암학당을 후원해 주고 계십니다.

옮긴이

김남우

로마 문학 박사. 연세대학교 철학과를 졸업했다. 서울대학교 서양고전학 협동과정에서 희랍 서정시를 공부하였고, 독일 마인츠에서 로마 서정시를 공부하였다. 정암학당 연구원이다. 연세대학교와 KAIST에서 가르친다. 마틴 호제의 『희랍문학사』, 오비디우스의 『변신 이야기』, 에라스무스의 『격언집』, 『우신예찬』, 토머스 모어의 『유토피아』, 몸젠의 『로마사』, 호라티우스의 『카르페디엠』, 『시학』, 베르길리우스의 『아이네이스』를 번역하였으며, 『Fabvla Docet 파불라도케트─희랍 로마 신화로 배우는 고전 라티움어』, 『가난과 은둔의 현자 호라티우스』를 저술했다.

정암고전총서는 정암학당과 아카넷이 공동으로 펼치는 고전 번역 사업입니다.
고전의 지혜를 공유하여 현재를 비판하고 미래를 내다보는 안목을 키우는
문화적 기반을 마련하고자 합니다.

정암고전총서 키케로 전집

노(老)카토 노년론

1판 1쇄 찍음 2023년 6월 2일
1판 1쇄 펴냄 2023년 6월 23일

지은이 키케로
옮긴이 김남우
펴낸이 김정호

책임편집 신종우
디자인 이대응

펴낸곳 아카넷
출판등록 2000년 1월 24일(제406-2000-000012호)
주소 10881 경기도 파주시 회동길 445-3 2층
전화 031-955-9510(편집) · 031-955-9514(주문)
팩시밀리 031-955-9519
www.acanet.co.kr

© 김남우, 2023

Printed in Paju, Korea.

ISBN 978-89-5733-857-5 94160
ISBN 978-89-5733-746-2 (세트)

이 저서는 2022년 대한민국 교육부와 한국연구재단의 지원을 받아 수행된 연구임
(NRF-2022S1A5C2A02092200)